万引き女子

〈未来《みくる》〉の生活と意見

福永未来

拘置所の壁は冬場になってくるとカビが生える。
3畳の部屋がカビの棲み処となる。下雑巾でせっせと壁をこする。
壁のカビは黒で、便器を隠す木の板は緑のカビだった。
掃除をすると気分がすっきりしてノートを開く。
日記をつけながら心は折れそうで辛い。

【目次】

「人生終わった人生終わった　おまえは生き恥。
早く消えればいいのに消えてくれよ、なあ早く」

0
〈元〉万引き女子の生活と意見。

28歳

軽い万引きなんてありません。万引きは窃盗罪です。何回も何回も逮捕されると、私のように刑務所へ2回行くことになります。

私はクレプトマニア（窃盗癖）でした。当時はもう死んでしまいたい恥ずかしくて消えてしまいたい産まれてきてごめんなさいと苦悶していましたが、今の私は恋愛がうまくいかないなあ、という平凡な悩みで生きている28歳の女です。

28歳の私は14年間万引きに依存して生きてきました。人生の半分を万引きとセットで生きてきました。だから万引きをやめるのは辛かったです。やめたくありませんでした。万引きをしていない自分の姿なんて考えられませんでした。「万引きくらい許される」とタカを括っていたのに2回目の刑務所へ行くことが決まった時、初めて「私の人生、万引きに食いつぶされてしまう、万引きやめたい」と強く思いました。万引きをやめたら盗めなくて「損をする」ことが口惜しい気持ちより、万引きのせいで失った家族や信用や時間のほうが口惜しくなりました。

しかし、万引きがやめられない苦しみの中では誰の声も胸に届かず、怒り、慰め、励まし、諦め、すべてが目の前を横切っていくだけでした。3畳の部屋でカビの数や色を観察しながら「悔しい悔しい万引きに支配されんの悔しい」と念仏のように唱えては、「人生ずっとこのまま万引きと刑務所の繰り返しかな、生きていたくないいな」と溜息をつく日々でした。

そんな時、知人が差し入れてくれた本の中に「見捨てなくてもいいんだ」という言葉を見つけました。それをじっと見つめていると涙が止まらなくなり、声をあげて泣きました。時折、監視にくる刑務官の視線もおかまいなしに泣きました。ラジオ放送の時間も終わり、気がつくと2時間以上泣いていました。

こんな自分でも生き直していいんだ。こんなにこんなに辛いけど、家族に迷惑かけたけど、許してもらえないかもしれないけど、私、生きていていいんだ。

だから、万引きする自分ほんまにやめたい。

やっと、そう思ったのです。

長い拘禁生活を経て、やめられないことをやめると楽になりました。〈万引きの虫〉がウズウズするかと構えていましたが、完全に消えていました。


刑務所では万引きがやめられない人にたくさん出会いました。覚醒剤がやめられない人、騙すことがやめられない人、SEXに依存してしまう人にも出会いました。

辛すぎる時は視野が狭く真っ暗で、他人の声なんて聞こえません。

でも、言葉は届きます。

だから、私は自分の経験を書き残すことにしました。

1人でも多く、やめられないことをやめる人が増えてほしい。

万引きをやめてから、ずっとずっとそう思っています。

1 子どもの頃から、小学校卒業まで。

0歳〜12歳

夏の地蔵盆

母は優しかったです。おねしょをして夜中に怒られたりご飯を残したりして癇癪を起こされることもありましたが、それでも母は優しかったです。

小学1年生、夏の地蔵盆までは。

地蔵盆は8月23日ですが、20日から準備にかかります。小学1年生から6年生まで参加します。1年生の私は、初めての地蔵盆を楽しみにしていました。

準備2日目、私は6年生のお姉ちゃんと一緒に〈おこころざしあつめ〉をしていました。字内《あざ》の1軒1軒を「おこころざしおねがいしまーす」と訪問し、だいたい50
0円か千円をもらいます。

ある家のおばちゃんが**「あ、今千円しかないわあ、500円探してくるからちょっとまっててな」**と奥へ歩いていくので、隣にいたお姉ちゃんに「なんで千円くれはらへんのかなあ」と訊きました。**「こら、そんなん言うたらあかん」**とたしなめられましたが、戻ってきたおばちゃんは**「あんた今なんて言った、どこの子や、親に電話しといたるから言うてみぃ」**と般若の形相で怒りました。私は怖くて何も言えませんでしたが、お姉ちゃんが**「ほら、あやまり」**と言うので、小さい声で「ごめんなさい」と呟きました。

夕方の解散までずっと、私の胸はどきどきしていました。

絶対お母さんに怒られる、家に帰りたくない。

夕方5時半の家で待っていたのは、鬼を鍋で湯がいたような顔色の母でした。頬を左右10回ほど叩かれ、倒れても**「オキンカーイ」**と髪の毛を引きずり回され、壁や椅子の足に叩きつけられ、掃除機でお尻を叩かれました。**「スワランカーイ」**と椅子に座らされ、同じことを何回も訊かれて何を訊かれてんのか分かんなくなってきて涙止まらなくて**「ナイテモイッショジャーイ」**と髪の毛を掴んで顔を上げられました。8

時半に開放され、夕食もなく自室に避難して泣いていると**「オリテコンカーイ」**と階下から聞こえ、急いで降りると髪の毛を引きずられ**「フロハイランカーイ」**と言われ、大量に抜けた髪の毛が排水溝が詰まって慌てて泣いていたら**「ハヨアガランカーイ」**と母がやってきたので洗面器の下へ隠しました。髪の毛はごみ箱の奥へそーっと捨て「おかあさん、おさきでした、おやすみなさい」と自室へ逃げました。

布団に入ると涙が出ましたが、声を出すと母が掃除機の棒を持ってやってくるので無音で泣き、その頃読んでいたピーターパンの絵本の光景が浮かびました。枕を首に当て強く反らし「フック船長が私の首を切ってくれますように」と願って眠りました。翌日から母に無視され、階段では突き落とされ、廊下では鼻血が出るまで殴られ、祈りは日に日に強くなりましたが、いくつ朝を迎えても首は繋がったままでした。そして、実家を出るまで、辛い日はフック船長に祈る癖がつきました。

後に、拘置所内の面会室で、母にこの地蔵盆の1件を聞くと**「おぼえてないわ、お母さんそんなひどいことした?」**と答えました。

母からの虐待

地蔵盆の1件から体罰が常習化しました。母が突然変わってしまったことが悲しくて、上手く機嫌が取れないふがいない自分が大嫌いでした。

小学校低学年の頃、放課後、担任の先生から誰もいない教室にこっそり呼び出されることがありました。

「ちゃんとごはんたべさせてもらってる？」「ここのケガどうしたん？」「鼻の下なんで切ったん？」

掃除の時間中、先生に**「今日ちょっと先生とお話ししようか」**と誘われると「またや、先生かなわんわ」と沈んだ気持ちになりました。「先生から母を守らなくては」と頑なに思っていて、「なんもないから。もう帰る！」と逃げ帰りました。

今にして思えば、母を守らなくてはいけない、というのは嘘でした。先生の言葉に激高した母の行動が怖くて、本当のことが言えなかったのです。

呼び出された日は先生が母に電話していないか心配で、寄り道ばかりしていました。影だけを選んで歩いたり、雑草で編み物したり。草むらで花束を作ってお土産を作ったりしました。母は**「ありがとう」**と言って台所のシンクの上に飾ってくれますが、翌朝になると花はなくなっていて、その理由は聞いてはいけないと思いました。

母は月に2回ほど怒ります。怒ると1週間は怒り続け、月の半分は怒っています。残りの半分は普通の母で、一緒におやつを作ったり、ドラマを観たり、お風呂に入ったりします。

怒っている母は毎日私を殴ります。きっかけは私の失敗や口の利き方、友人との付き合い方だったりしますが、習字の授業でTシャツに墨汁を付けてしまった日はその箇所を重点的に殴られ、返事をしなかった日は倒れるまで頬をはたかれる。

風邪を引いても3日目から急に怒った。**「こんなに看病してあげたのにすぐに治らないなんてあんたが悪いんやから自分で治しなさい」**と。風邪でもインフルエンザでも冬でも外で自分の吐瀉物の入ったバケツを洗った。1日目、2日目は怖いくらい優しいけど、3日目から怒ると分かっているから早く治さなければと焦り、母が猫撫で声で**「なにたべたいでしゅかー?」**と言ってきても「なんでもだいじょうぶです」としか言えない。

「今日はおかえりって言ってくれるかな、今日は殴られないかな」

帰り道はいつも緊張していました。怒った当日は怒鳴りながら殴りますが、翌日からは無言で突然殴ります。学校から帰宅して**「おかえり」**と言ってくれたら怒っていない母で、機嫌が直るまでの間は寄り道ばかりしていました。いったん帰宅しないと友人と遊べないのですが、怒っている間は遊びに行きたいと頼めません。**「おかえり」**と言ってくれなくても「ただいま」と言わなければ殴られるので、すぐ自室へ避難しますが、階下から**「オリテコンカーイ」**と呼ばれて殴られる。どちらにしても夕食前に一度は殴られました。

でも、母は父が帰宅すると平然と談笑しています。父の前では殴らないので、父は私が毎日、夕方や父の帰宅が遅い夜に殴られていることを知りません。

母が**「フロハイランカーイ」**と呼ぶと階下へ降り、**「こいつどうしたんや?」「この子、悪いことしたからお仕置きしてたんよ」**という会話を聞きつつ風呂場へ行きます。排水溝にはいつも大量の髪の毛です。

「お母さんに太腿叩かれたこと1回だけあるけど、それ以外で叩かれたこと1回もないで」と言い、欲しい服を買ってもらえる友人が羨ましくて悔しかった。お誕生日会とかしたかった。友人の家で食べるチョコレートやポテトチップスはご馳走だった。

水色のワンピース

母と服を買いに行くことが嫌いでした。

頭を下げ、媚びながら服の必要性を説得するのも嫌いでした。何回も頼み、ようやく**「しょうがないなあ」**と了承されるのですが、その時の母の渋々ながらも少し笑った顔が嫌いでした。自分が子どもであることが悔しかったです。

小学2年生の夏、母と近所のスーパーへ行きました。

母は珍しく**「ワンピース見にいこっか」**と言い、**「好きなワンピース1つだけ選んでいいよ」**と言ったので、私は嬉しくて興奮しながら選び始めました。

やがて、明るい黄緑色のチェック柄を選ぶと、母は怪訝な顔をしました。

「なんでこれがほしいの、こっちにしなさい、あんたは水色の方がいい、わかった？」

私は悲しくなり、言葉が出ませんでした。

「なんなんあんたさっきから、だまってばっかりで、ありがとうが言えへんのか」

母はたちまち不機嫌になり**「もういい、下いくで」**と歩き始めました。私はその場から動けませんでした。**「なんなんやあんたは」**と戻ってきた母は、面倒くさそうに水色のワンピースを手に持ってレジに行きました。

「あんた、おかあさんに、ありがとうは？」

「ありがとうございます」

その後の母は不機嫌で、帰りの車内でも**「あんたみたいな、ありがとうも言えへん子にはもう服買うてあげへんからな」**と怒気を含んだため息をつき、帰宅すると何回か殴りました。私は痛いよりも怖いよりも、悲しかったです。自分が子どもであることが、自分の気持ちを我慢しなくてはいけないことが悲しかったです。**「2カイデハ**

ンセイシトカンカーイ」と言われて自室へ行きますが、泣く声を聞かれるとまた殴られるので、三つ折りに畳んだ布団の中に潜って泣きました。**「オリテコンカーイ」**と呼ぶ声で起き上がると夜で、教育者の顔をした母が、今日の私の態度がいかに悪かったかを父に説明し、父は改まった口調で言います。

「ちゃんと服を買ってもらったら、自分からお母さんにお礼を言いなさい」

「はい、ごめんなさい。おかあさん、今日はありがとうございました」

「あんたの服はお父さんが働いてくれてるから買えるんやで、お父さんにも何を買わしてもらったか報告してお礼を言いなさい」

「おとうさん、今日はワンピースを買ってもらいました。ありがとう」

布団に入ると、カーテンの波の数を数えながら、明日が来てしまうことが苦しいなと思います。今日でおしまいやったらいいのにと思います。

押入れを開けては水色のワンピースが黄緑色になっていないか、何度も確認しました。母は私の一張羅として水色のワンピースをよく着せ、**「あんた、やっぱり水色似合ってるわ」**と嬉々としていました。

以後、2年くらい、自分で服を選べることはなく、母が用意した服を着ていました。〈服の喪〉が明け、念願の服選びができるようになっても、さんざん母の機嫌を取って連れてきてもらっても、今度は私が不機嫌になりました。なりたくてなっている訳ではなく、母の逆鱗に触れることも分かっているのに不機嫌でした。服を選んでいる私を客観的に見ている私が「みじめだよなあ」「よろこんじゃってばかじゃないの」と囁いて、華やいだ気持ちが一瞬で萎んでいくのです。「私は楽しくない、頭を下げてまで服買ってもらうの楽しくない」という気持ちが止められませんでした。

初めての万引き

小学2年生の秋、週末の夕方に父と姉と私の3人で隣町の本屋へ行きました。父は映画をレンタルしたり、海外旅行の情報が載った雑誌を買います。姉と私は絵本を読んだり、雑誌をパラパラめくったりします。本屋に連れて行ってもらうのはすごく楽しみでした。

レジの前には、いろんな種類の飴が入った四角いクリアケースがひな壇のように並んでいて、機嫌がいいと飴を買ってくれますが、その日の父の機嫌はいまひとつで、1人で店内を散策していた私は「今日は飴を買ってもらえないだろうな」と思っていましたが、いちごみるくの飴が視界に入り、離れなくなりました。

店内は静かで、レジ前のおじさんもいないので、胸がざわざわしました。欲しい。誰にも見つからずに飴を手に入れたい。買ってもらうのではなく、こっそり盗みたい。そう思いました。

いちごみるくの箱へ近づいた私は1粒、指でつまみ、袋を剥いて口の中へ入れると、奥歯の内側へそっと押し込んで隠しました。いつもはすぐに転がして舐めるので、奥歯だけで甘さが広がっていくのは変な感じでした。空になった袋を箱の中に入れたのは、ポケットの中に入れると母が気づくからです。

奥歯に飴を忍ばせたまま、父の足元へ行きました。

「もう帰るぞ、お姉ちゃんどこや」

あ、ばれてない、と安堵しましたが、合流した姉の顔は見られませんでした。罪の意識ではなく、姉にも知られたくなかった。飴で膨らんだ頬や匂いを気づかれるのも怖かった。店の外に出ると鼓動が早くなり、口に含んだまま車に乗りました。家に帰るまでに溶かさないと、と焦り、飴ちゃんの位置は動かさず舌で必死に溶かしました。いちごみるくの中は練乳粉で、表面を舌で溶かすと、残りはすぐになくなりました。父や姉の顔を見るのが怖いので窓に顔をくっつけていました。

車に乗り込むまでは店員さんに声をかけられたら逃げられない、と緊張していましたが、車が発進すると「もう大丈夫かな」という気持ちがだんだん大きくなり余裕ができました。でも、必死に溶かした飴はただ甘いだけで味はありませんでした。「飴1個でこんな思いすんのいやや。全然美味しくなかったし。飴は普通に舐めるから美味しいんやなあ」と気づきました。そんな気持ちも〈万引きの虫〉に喰われて、ずいぶん長い間、忘れていたのですが。

しばらくして再び本屋へ行きました。父の前では飄々としていましたが、内心はどきどきしていました。でも、レジ前のおじさんはいつもどおりの笑顔で、私もにっこり笑いました。

1／子どもの頃から、小学校卒業まで。

2 家族の肖像。

母の肖像

先日、実家へ行きました。月に2回くらい顔を出しています。

その日の用事は、同棲していた彼氏と別れ、再び実家で暮らすことになった姉のネガティブな言い訳を聞くためでした。母は絶えずそわそわしてました。姉妹の話を聞きたいけど聞いてはいけないと思っているようで、家中を行ったり来たりしていた母を姉はずっと睨んでおり**「ほんまうっとおしいわ、どっかいけばいいのに」**とイライラしていました。母は**「これで2人でお昼でも食べい」**と姉妹に千円ずつ渡しましたが、無言の姉は、母が消えると居間の棚の上へ突き返しました。

「こんなときだけ、いい顔しやがって」

母はお金に厳しく、私は高校3年生で家出するまで、ほとんどお小遣いをもらったことがありません。だから、簡単にお金をくれるようになった母は昔と変わったなと感心していました。

お年玉は小学6年生の時に一度、千円もらっただけ。その千円もすぐに使うことは許されず**「神棚にお供えしろ」**と言われました。学校で使う文具費もその都度、必要額だけ受け取っていました。お小遣いで欲しい物を買う自由はなく、絵の具1色のために母に頭を下げるのです。

「ほんまに要るんか？　減るの早いで。2か月前にその色買ったばっかりやろ。次はもっと長い間使いや」

買った絵の具とレシートとおつりを提出し、確認を経てようやく受け取り、父にも「今日、赤色の絵の具を買わせてもらいました。ありがとう」と報告します。

小学2年生の冬、お釣りがどうしても10円足りないことがありました。帰りの道中で落としてしまったようで、母に激しく叱責されました。

「お釣りをもらったときにきちんと確認したか」「手に握り締めていたか、ポケット

に入れていたか」「どの道を通って帰宅したか」

帰り道をもう一度辿って10円を探してくるように命じられましたが、日も落ちて探し続けることを断念した私を待っていたのは、罵倒と体罰でした。母は私が探している間に**「娘が10円をネコババしたのだ」**と結論づけ、**「デテイケ、コノドアホガ」**と追い出されました。もう夜だし真っ暗だし1人だし、悲しくて途方に暮れたけど、行く場所もなく、ここにいなくてはならないことが悲しくて、マンホールの上に座っていました。寒いなあ、お腹すいたなあ、悲しいなあ。隣家の夕食の匂いや団欒の声が心の底から羨ましく、眠ってしまえば楽だったけど、寒くて眠れなかった。

家の前に新幹線の線路があり、数分おきに響く**ゴゴゴゴゴォーー**という音を聴いていました。冬になると凍結防止剤の散布で夜中や早朝にしゃんしゃんしゃんと音が響くのですが、その音は好きでした。サンタさんとトナカイさんがやってくる音だと思っていたからです。

だけど、マンホールの上に座って聴いた音は紛れもなく無機質な散布音で、私は「早く大人になりたい」と強く思いました。

母には友人が1人もいません。母はずっと専業主婦です。

自分のことは何も話しません。近所付き合いもほとんどありません。

母は家族がすべてでした。正確に言えば、家族を自分の思いどおりにすることがすべてでした。

母は自分の両親が大好きです。**「おとうちゃん」「おかあちゃん」**と甘えます。それを見て「いつも私を殴るくせに」とずっと思っていました。

母は夜中に突然叫びます。髪の毛がとても短いです。膝の裏に大きなアザがあります。私は気づかないふりをしていました。

目は奥二重でしじみよりも小さいです。〈元〉夫が初めて母に会った時、**「お母さんに顔、似てるよな」**と呟いたのがショックでした。

母が風邪を引くと嬉しかった。このまま死んでくれないかな、と祈りました。

母のトイレの後の匂いが甘くて大嫌いでした。

母は小学5年生の時、さんざん殴った後に一度だけ、私を強く抱きしめたことがあります。

「こんなお母さんでごめんね」

母の身勝手な感傷は不愉快でしかなく、久しぶりに嗅いだ母の体臭が臭いから早く離れてほしいと思いました。

母はそれからも私を殴り続けました。トイレの掃除のやり方が間違っている。うどんの出汁の取り方が間違っている。古新聞の縛り方が間違っている。と言って。

母は今でも言います。

「あんたはお姉ちゃんと違って本当に手のかかる子どもだった」

姉の肖像

その姉は3歳年上で現在31歳です。彼氏とアパートで同棲していましたが、**「家賃を払うのがしんどい」**という理由で彼氏の実家に引っ越しました。

彼氏の両親と祖母と同居です。一応、結婚の約束もしていたらしいですが、前述のとおりクリスマス前日に別れ、**「仕事が見つからない」**と泣いていました。

2か月前、**「彼氏の実家に住む」**と電話で報告された私は、猛烈に反対しました。

「家賃が理由でほんまに結婚してくれるかわからへん男の実家に結婚前やのに転がり込むなんて、そんなに自分を安く売ったらあかんで。仕事まで辞めて山奥の田舎に行くなんてやめときや。お金がしんどいんやったら1回実家帰ってきたらいいやんか」

でも、恋は盲目なので、妹の諫言は届かず。

「いや、結婚が前提みたいやから向こうで住んでみるわ」

「ほな入籍はいつごろなんよ？」

「それは決めてない」

「向こうの親とまで一緒に住むんやったらそれは決めといた方がいいんちゃうの？」

「うーん……」

2か月後、しょんぼりした姉と実家で再会しました。

姉の口癖は**「あんたと私は性格正反対やなあ」**です。姉は恋愛だけは猪突猛進ですが、仕事や人間関係は臆病で排他的で**「友だちが1人もいない」**とぼやいています。

職場の女性陣とのトラブルも多く、呪いのような長文相談がよく送られてきます。

私は出所の2週間後には派遣社員として働き始め、さらに転職活動をして正社員採用されたことがすごく自信になったので、姉にその話をしました。

「お姉ちゃんもこれを機会に正社員目指して就職活動してみたら？」

「いや、この年齢からじゃ無理やで」

「なに言ってんの、刑務所帰りの私が正社員になれたんやで、チャレンジしてみいや」

「あんた、〈その期間〉は履歴書なんて書いてんの？」

「空白やで。離婚して実家で資格取得の勉強していました、とか言ってる」

「へーすごいな」

「面接で大切なのは学歴とか経歴よりも自己アピールやで。相手の目を見てはきはき話す！　私おしゃべりは好きやからな、適度な緊張感を醸し出しながら、ここで働きたいんですと一生懸命伝えたらいいんやで。ハローワークとか行ってみたら？」

「ハローワークで嫌な思い出あるから行きたくないねん」

「ちゃんと相談乗ってくれる人も多いし、私はハローワーク行きまくったし、案外いいとこやと思うけどな」

ここで姉が泣き出す。

「派遣会社に登録はしてんけど全然仕事決まらへんねん。面接何か所か行ってんけどなんか採用してもらえへんねん」

「大丈夫やって。確かに生活が落ち着くまではすごい不安やと思うよ。仕事が決まって生活リズムが変わったら気持ちも前向きになってくるはずやから、もうちょっとの辛抱やで」

「うん、せやな」

刑務所累計4年の妹が無職の姉を慰める冬の朝でした。

姉は中学から高校にかけて、学校で複数の男子生徒からいじめに遭い、母は何度も学校へ直談判していました。姉と母、教師、加害者たちとその親が学校に集まり、謝罪の場も設けられたようですが、姉が高校を卒業するまで続いたそうです。

姉は学校でいじめられた分、家で私をいじめました。

家の中ですれ違うたびに**「きっしょ」「ガイコツ**（当時の私はすごく痩せていた）**」「くさいんじゃ」**と嘲笑し、**「けばいし」「どけよ」**と罵られました。服がなくなったり、机の中の小物がゴミ箱に捨てられたり、机にハサミで傷をつけられたり、お風呂に入っている間にケータイを見られていました。すれ違いざまに**「きもいメールしやがって」**と言われるので分かります。

姉は大学へ進学してからも家では私をいじめていました。私は高校3年生の秋に実家を飛び出したので、約8年間です。

両親の前でも平然といじめていたので、両親も知っていました。私が食卓に座るとすぐに**「うーわ、最悪や」「こいついたら食えへんやんけ」**と母にも聞こえるように言い、先にお風呂へ入ってしまった日には**「きったねえな」「空気よめよ」**と言いつつ、シャワーで風呂場の扉を「消毒」していました。

父も母も姉妹の関係が最悪だと知っていましたが、姉を咎めることはなく、母に「お姉ちゃんちょっとさすがにひどくない？」と苦情を言うと**「お姉ちゃんも大変なんよ」「あんたがもっと歩み寄ってあげなさい」「あんたも気づいてないだけでなんか**

してるんちゃう？　お互いさまやで」と理不尽な説諭をされました。

私はそれでも、姉のことが嫌いではありませんでした。ある日突然、私をいじめるようになりましたが、それ以前は仲が良かったからです。好きな歌手の話とか、ドラマの話、芸能人の話、恋愛の話、将来の話など、毎日よく話していました。

上手く説明できませんが、虐待した母や[redacted]に励んでいた父を「死んでくれたらいいのに」と憎むことはあっても、暴言を吐く姉は同志のように感じていました。地蔵盆の1件も姉に話すと**「あたしは夜寝てたらいきなり馬乗りされて掃除機の棒で首絞められたで」**と言っていたので。

学校でのいじめがひどくなるにつれ、私への風当たりもきつくなったので「お姉ちゃん、今しんどいんやろな」と想像し、理不尽さをやり過ごしました。そんな家にいるのは苦しいので外でアルバイトしたり、彼氏や友人と遊んでばかりいましたが。

父の肖像

父はサラリーマンでした。65歳まで立派な一流企業に勤め、晩ごはんも1品多かったです。いかそうめん、タコのお刺身、天ぷらとか。今はゴルフ場で週に何回かアルバイトをして、休日はゴルフをする側になります。

父には自分のたんで遊ぶ癖があり、見るたびに吐き気がしました。さすがに仕事中はハンカチへ含ませ、こっそり弄んでいるようですが、そのハンカチが汚くて臭くて堪りませんでした。

帰宅して食卓に座るとすぐに手の甲にたんを撫でつけ、舌でべろべろと舐めます。「ちょっとやめてよ」と注意すると、私の服や体や顔にたんをつけてきます。本気で逃げるのですが、臭くて汚くてぬるぬるして、不快で悔しくて半泣きで必死に洗い流していました。枕にもたんをつけて遊ぶので、布団だけでなく寝室全体に悪臭が漂っていました。

新聞や雑誌にもたんを塗りつけ、ページがめくれなくなるのですが、固まりかけの臭いたんを触ってしまうことが辛かったです。分泌量が多いのなら、すぐ吐き出して捨てればいいと思うのですが、自分の体液と離れるのを惜しんでいるみたいです。

なのに、父は大変な掃除好きです。休日は半日以上、家中の掃除に費やしていますが、仕事用の営業車はいつも山のようなカタログや諸々で溢れかえっています。

父は近所の人たちの動向を監視しています。誰々の車が何時に通った、いつも何時に仕事に行くのに今日は通らない、と。

海外旅行が趣味ですが、家族を連れて行ってくれたことはありません。

宗教にハマっていて、変な形の仏壇に大金を注ぎ込んでいます。

物心ついた頃から、家や車への大きな夢を繰り返し語っていますが、最近、聞き流した方がいいと気づきました。

困ったことがあると狸寝入りします。

2度目の出所の身元引受人は母だったので、2か月半だけ実家で暮らしましたが、父の癖は相変わらずでした。でも、すごく冷たい目と冷徹な声色で「手あらってよ」

と言うと、洗面所へ無言で歩いていきます。成人した娘に指摘されると「人前でやってはいけない」と自覚するようです。数時間後にはまた舐めていますが。

父の性暴力、夜這い

小学1年生から5年生くらいまで、性暴力を受けていました。

私たち姉妹は夜9時くらいには就寝し、見たいドラマがある日だけ夜10時就寝という決まりでした。6畳の洋室に布団を並べ、すぐに眠れない日は学校のことや好きな芸能人の話やドラマの話をしていますが、週に何度か、父がやってきます。階段を上がってくる音がすると私たちは自然とおしゃべりを止め、じっと息を殺して寝たふりをします。

父は寝室に入ると必ず姉妹の布団の真ん中に横になります。その日の気分で姉か私かを選び、ぎゅっと抱きしめます。必ず1人だけを選びます。

選ばれなかった方は父の背中を見ることになりますが、やがて布団から蹴り出され、乗っ取られます。小さい声で**「おまえは向こう行け向こう行け」**と言い、背中やお尻や太腿をすごく強い力で蹴り、手で頭を押し出します。薄いカーペットの上に転がされ、掛布団も父に取られます。

父は一方を抱きしめたまま2組の布団の上で自由に振舞い、首から上にキスされ舐められ、**「頬っぺたにちゅっとして」「ここにもして」**と唇を突き出されます。

父の力はすごく強く、抱きしめられている身体は痛いです。絡められた足は動けず、直接お尻を揉まれます。カーペットの上にいる方は寝たふりを続けなくてはいけません。少しでも動いたり音を立てると後ろ足で蹴られます。

追い出される時は「今日は選ばれなかったから、もうすぐ蹴られるな」と身構えておくのですが、不意に蹴られるのでよけいに痛いです。父は気が済むまで30分から1時間くらい続けます。こんな夜が週に3回くらいあります。私は選ばれない夜が多かったのですが、成長するにつれ、選ばれる夜も多くなりました。

ぬるぬるとした父の唇はてらてらと光っていて芋虫みたいで、吐く息は臭かった。お酒を飲んでいる夜は特に臭かった。

私の自画像

私は扱いづらい子どもだったと思います。

小学校でも仲間外れにされることが何回かありました。

子どものヒエラルキーは羨ましがられる子が上位になります。明るくて会話が上手な子、新しくて流行りの服をたくさん持っている子、お家がお金持ちの子、可愛らしくて男子から人気のある子、など。

私は何もありませんでした。でもプライドだけは一人前に高かったから、人気のある子の近くにいることで仲間入りした気分になっていましたが、不自然な虚勢と違和感を子どもは敏感に感じ取るので、よく仲間外れになりました。服はイケてないし、痩せっぽちで身体にアザがあるし、おしゃべりだけど嘘ばっかりつく、無理してる感じがイタい小学生でした。

勉強は苦手だったけど、図工の時間は大好きでした。年に数回、担任の先生がクラスの何人かを選んで展覧会に出すのですが、賞状をもらったり記念品をもらったりしていました。運動神経もよかったので、マラソン大会の賞状も含めれば、姉より賞状ケースの数も多かったです。でも、姉の成績表は私よりすこぶるよかったので、賞状の数で「すごいでしょー」といい気になっていただけなのかも知れません。

家に本がほとんどなかったので、週に何回も図書館へ通いました。青い鳥文庫の『クレヨン王国』シリーズ、『こまったさん』シリーズ、『学校の怪談』、なんでもたくさん読んでいた。ディズニー、ピーターラビット、シンプソンズ、ジブリ、日本昔ばなしのビデオも何回も借りて観た。本の中には夢と希望があって、困難があっても最後は必ずハッピーエンドで、本の世界に没頭している間は週末のしんとした午後もやりすごすことができました。

感受性は豊かだったと思います。自分の境遇をいつも憂いていたせいかも知れませんが、明日が楽しみな日よりも明日を悲しむ日の方が多かったです。

天井の幾何学模様のクロスを目で追い、遅くても43歳で死にたいと切望していました。いつも楽しいふりをしなくてはいけないから、自分が楽しいのか演じているだけか分からなくなって黙り込み、親によく殴られました。「私ここで何してるんやろう」「私は空虚だ」と呆然として何もできなくなることもありました。

それでも、傍から見る分には明るい子で、自分の冗談で周囲が笑ってくれるのが嬉しくてよくふざけていましたが、「私が笑いたいときは誰に笑わせてもらったらいいんやろう」と思いながら笑っていました。ピエロみたいでした。

今でも突然、不機嫌になって黙ることがあります。機嫌が悪くなるとすぐ「死にたい死にたい今すぐ死にたい」という思考になります。車を運転中に「今からあの電信柱にぶつかって死んでもいい？」と気取っていたこともあります。

プライドが高いことを隠すために「人見知り」という便利な言葉で逃げていましたが、ようやく改善されてきたようで、こっそり喜んでいます。

3 中学時代。

13歳〜15歳

中学生の生活

初恋は小学1年生の頃で、濃い顔立ちの男の子でした。小学校を卒業するまでずっと好きでした。クラスの皆が両想いだと知っていて、2人きりで遊んだこともありましたが、本当にただ遊具で遊んでいただけでした。

中学に入学してすぐに告白ブームが起こり、別の男子に告白されて気持ちが離れました。その男子と付き合うこともなかったけど、両想いなのに告白してくれないのは男らしくないと思ったのです。好きだった子は真面目系でしたが、中学生になると不良系の男子にも惹かれました。今にしてみれば、真面目系の方が長い目で見ればオスとしての魅力も高いのですが、当時のミーハーな私は微塵も思わなかったのです。

地黒だから日焼けが嫌だったのに、たまたま触らせてもらったラケットとボールの感触に「なんか楽しそう！」と思い、テニス部に入りましたが、顧問教師からは異様に嫌われ、名前すら呼ばれた記憶がありません。

可愛げのない生徒だったと思いますが、サッカー部の男子陣からも嫌われ、ケータイに**「おまえは全学年から嫌われているぞ」**というメールが何通も届きました。原因はサッカー部の男子に2回告白して2回振られたからで、**「あいつキモイよな」**と嘲笑われていました。傍目には飄々と学校生活を送っていましたが。

高校進学後、主犯の男子と地元の駅で偶然再会し、道路の縁石に座りながら2人で話したことがあります。

「おまえやたら嫌われてたよなあ、あれなんでやったっけなあ」

「ほんまやで、なんでやったん？」

「うーん、ほんまに覚えてないわあ」

いじめっ子の視線はひたすら私のミニスカートの中とルーズソックスの間を行った

り来たりしていて「サルめが」と思い、連絡先を聞かれたけど、早々に立ち去りました。後にこのいじめっ子は、私が水商売をしていたスナックにも何度か呑みに来て、そのたびに**「おまえ嫌われてたな」**とにやついてドレスの胸元を見ていました。

「私の印象いつまで最悪やねん」

真面目に付き合った人が1人だけいました。双子の弟で、入学後に告白され2年の冬から付き合うようになると、兄に嫌われるようになりました。

「兄君まったくクラスで話してくれへんくなってんけど」

「なんでやろうな、ちょっと聞いてみるわ」

でも、事態は好転しなかった。弟君とは1年半くらい交際し、兄弟の家にも何度となくお邪魔して夕食をご馳走になったけど、兄と話したことは一度もない。

学校では男子からも女子からも疎外され、もはやヒエラルキーの圏外にいた。女子のどのグループにも居場所はなく、自然と弟君といる時間が多くなった。

高校進学を考えた時も、自分の学力云々より「弟君と一緒にいたい」という気持ちが強く、美術の授業が大好きで成績も良かったので、美術の先生に相談すると美術に特化した遠方の高校を紹介してくれ、中学3年の夏休み、父と見学に行きました。

真面目なルックスの生徒が並んで黙々とデッサンしている姿を見て、「高校に入学したらバイトしてお洒落していっぱい遊ぶぞ」と息巻いていた私は「ここでは、ない……よな」と腰が引けてしまい、弟君に「一緒の高校に行こう」と提案しました。

弟君の父親が通っていた総合学科の高校を一緒に受験することにしましたが、高校自体には興味がなかったので、周囲には「総合学科は自分に合った授業を選択できるからいいみたいやで」と説明し、地域内の偏差値が2ランク上の高校を勧める配慮も無視したら、合格したのは私だけでした。

弟君と離れ離れになることが確定し、私は途方に暮れました。

人生2回目の万引き

人生2回目の万引きは、中学2年生の冬でした。

幼なじみの女の子と帰宅の途中、近所のスーパーに寄りました。私は特に欲しいものがなかったので、買い物に付き合っていましたが、彼女はシャンプーや化粧品を手に取ると、慣れた手つきで通学カバンへ入れていきます。「え、盗むの？」と心の中で思いましたが、生まれて初めて他人の万引きを見て呆気に取られていました。どきどきしながらも挙動不審なところを見られたら格好悪いな、と思っていました。

数分でカバンの中をぱんぱんにした幼なじみは平然とレジの前を通り過ぎ、店の外へ出ました。緊張していた私は声を掛けることもなかったし、幼なじみも私に声を掛けることはなかった。「店員さんに見られていたらどうしよう、声をかけられたらどうしよう」と思って気が気ではなかったけど、誰も私たちに声をかけなかった。

広い駐車場を経由して店の敷地から出ても、しばらく無言で歩いた。ふたりがいつも別れる場所で、ようやく幼なじみが口を開いた。

「次は一緒にやってみる？」

「うん」

彼女のカバンの中にある、ただで手に入れた品物の数々が羨ましかった。私もただで欲しいものが欲しいと思った。

私の中に〈万引きの虫〉が棲みついた瞬間でした。

この幼なじみとは家が近所で、小学生の頃から遊んでいましたが、私の目から見ても彼女の家は汚く、家中に物が散乱していました。学習机の上にも周りにも驚くほど物が溢れていましたが、全部ゴミにしか見えなかった。

夜中寝ているとゴキブリやネズミが布団や顔の上を歩いていくのだと、面白おかしく話していました。休日に何回か彼女の部屋を掃除したこともあります。ゴミ袋がいくつもいっぱいになり、喜んでくれましたが、次の休日に行くとまた新しいガラクタで埋め尽くされています。


それから、幼なじみと一緒に万引きするようになりました。

下校途中にスーパーや100円均一やドラックストアで万引きを繰り返しました。

休日は自転車で隣町へ行き、ショッピングモールで衣類やカバン、雑貨類も万引きしましたが、具体的な方法は幼なじみの動きを観察しているうちに、自然と「こうした方がばれにくいんやな」と体得しました。いかに一般の買い物客を装い、自然と買い物しているふりをして堂々と万引きするかを学んでいきました。

よく**「万引きするスリルが快感になってやめられないんでしょ」**と言われますが、私の場合、その快感はほとんどありません。

万引きの最中は極度の緊張状態で、手や脇からだらだらと脂汗が出っぱなしですが、その状態が快感だとは思えないのです。

「見つかっていたらどうしよう、捕まったらどうしよう、でも盗みたい」とぐるぐる考えている脳内状態は快感とは無縁です。私は「ただで物がほしい、親に頭を下げずとも欲しい物を手に入れたい」気持ちが大きかった。というか、湧き上がる物欲だけで万引きをして、帰宅後に自分の部屋の中でこっそり戦利品を並べ、ようやく胸にじんわり広がる喜びを味わうのです。これは私だけの物なんだ、と。

小学生の頃から、私の部屋にある物はすべて母が管理し、学校へ行っている間、毎日のように「掃除」していました。位置が微妙に変わっているので「ああ、今日もだなあ」とイライラしながらも、母が昼間ずっと家にいるのはどうしようもないことだと諦めていました。

そして、友人との交換日記や手紙の類をすべてチェックし、定期的に交換日記や手紙にしか記していない情報で責め立てました。

「あんた、先生の悪口書いてたらあかんで。どういうことかお母さんに説明しなさい」

「掃除の時間、〇〇君が失敗してたからって笑ったらあかんやないの」

「〇〇ちゃんと今度遊びに行くとき、メモ帳は買ったらあかんで。この間買ってたやないの、お金は無駄使いしたらあかん、ここに一筆無駄使いしませんと書いてから出かけなさい」

母はこの「**一筆書きなさい**」が好きでした。説教したり殴ったりするたびに台所から広告の裏紙を出し、「**反省の言葉、今後同じことは繰り返さないという誓い、日付、名前**」を書くよう求めました。それでも怒りが収まらないと、般若心経の教本を出し、「**写経しなさい**」と言われます。

母は広告の裏紙の愛用者で、食事をする時もテーブルに直接食器を置くことは許されず、必ず裏紙を敷かなければなりません。お菓子を食べる時も同じで、たまに友人を家に招いた時も**「ここの上で必ず食べてね」**と裏紙を差し出すから、私は顔を真っ赤にして俯いていました。きょとんとする友人に**「お菓子がこぼれたら大変だからね、お皿は動かさずに顔を近づけてね」**と食べ方のレクチャーをするのです。

物心つく頃には「うちのお母さんは違う」と気づいたので、交換日記は持ち帰らず学校で返事を書き、手紙も泣く泣く破いてゴミ箱へ捨てました。破り方が甘いと母にセロテープで復元され**「ここに書いてるこれってどういうこと？　お母さん知らんから説明しなさい」**と説教されますが、姉のゴミ箱にも破った手紙がありました。

そんな母なのに、万引きで増えていく化粧品や衣類を見ても何も訊かなかった。母からのお小遣いは皆無だから、買えるはずがないのに。私も細心の注意を払い、数か月に1回、1着ずつ盗んでいましたが、たぶん、父にねだってお小遣いをもらっていると思っていたのでしょう。

私は万引きを覚えるまで、欲しい物はたくさんあったけど、買ってもらえないのが普通だと思い、諦めていました。でも、小学生の頃は友人より持っている物が少なく劣っていても我慢できましたが、中学生になると取り繕うことができなくなりました。

万引きを覚えるまでは私服がなく、いつも制服を着ていました。**「毎日制服なんやし、いらんやん」**と母が買ってくれなかったからです。小学生の頃の私服はとてもダサく、サイズも合わなくなっていましたから、父や母が10年以上前に買い、タンスの奥に眠っていた変な柄のシャツやセーターを引っ張り出し、「古着系が好きやねん」と強がっていました。

中学生になっても冬のコートは買ってもらえず、小学5年のスキー学校の時に買ってもらった真っ白のナイロンジャケットを着ていました。当時流行っていて、友人たちが着ていたダッフルコートが心底羨ましかったです。

私を万引きに誘った幼なじみも、カーディガンの上にあまり綺麗ではないトレーナーを着ていました。私たちは手の中やカバンに収まる小さな物ばかり万引きしていましたが、本当に欲しい大きな物は手に入らなかったのです。

その頃、同級生たちの一部でも、万引きが流行っていました。

「あたしら全員おそろいのピアスやねん」

「マジョマジョ（化粧品メーカー）の新商品もうゲットしたでー」

女子は化粧品や小さいアクセサリーや雑貨類を盗んで自慢し、男子はお菓子を箱ごと盗んでクラス中にばらまいていました。修学旅行でディズニーランドへ行った時は、ミッキーマウスのキーホルダーを箱ごと盗んだ男子が**「おみやげやるわー」**と配り回っていました。

でも、私は本当にお金がなかった。新商品よりも普通のシャンプーやリンスが欲しかった。いつまでもお父さんと同じトニックシャンプーしか使えないのは嫌だった。

中学生の頃は必ず**「悪いことしてるほうがカッコいい」**という流行があり、誇らしげに話す人もいましたが、私の万引きは先の幼なじみ以外、誰も知りませんでした。

中学3年生の冬、1人で近所のドラッグストアへ行きました。学校は休みで、自宅で受験勉強していましたが、夕方、ふと息抜きに万引きしたくなったのです。

マニキュアやアイカラーを手に取ると店内のトイレへ行き、防犯タグが付いた箱をゴミ箱へ捨て、何食わぬ顔で店外へ出ました。

「すいません、ちょっといいですか？」

振り向くと2人の女性店員さんが捨てた箱を持っていました。私は腕を掴んできた店員さんの手を払いのけ、自転車を立ち漕ぎして逃走しました。

「え、ちょっと、待って！」

声は無視しましたが、自宅とドラッグストアは自転車で5分ほどの距離でしたから、私は「やばいやばい、捕まる捕まる、どうしようどうしよう」とパニック状態でした。小さい川があったので、盗品はすべて捨てました。自宅へ戻ってからも「家に警察が来たらどうしよう」と焦っていましたが、1か月経っても警察は来なかったので「もしかしてちゃんと逃げられたのかな」と少しずつ安心しました。

結局、この件で補導されることはありませんでした。

中学校の卒業式

中学校を卒業する頃には、弟君しかいませんでした。

女子たちは卒業式が終わったら**「カラオケに行く」「集まって騒いで遊ぶ」「家でパ**

ーティを開く」「ご飯を食べに行く」などと話していましたが、私はひとりぼっちでした。個人で遊んだり話したりする子はいましたが、グループに入ることはできませんでした。

解散すると、花道を作ってくれた後輩たちの前を各々のグループで通り、校舎を去ります。私は一緒に歩いてくれる友人がいなかったので弟君に頼みました。

テニス部の後輩から色紙を、子どもの頃よく遊んだ2つ年下の女の子から手紙を受け取りましたが、それでも私は惨めでした。虚勢を張って笑顔でいましたが、弟君の腕をぎゅっと掴んでいました。騒ぐ同級生の間を潜り抜け、いつもどおり田んぼのあぜ道を歩いて帰り、弟君の第2ボタンをもらいました。

遅くまで話した公園や初めてキスした小道の前を通り、私の自宅に近づいてきた頃、訊きました。

「この後、予定あるの？」

「いつものみんなで集まるねん」

「そっか、送ってくれてありがとう」

「一緒にいてやれんくてごめんやで」

「だいじょうぶやで、ありがとう」

自宅へ帰ると、すぐに色紙や手紙を捨てました。もっと捨てたかったけれど何を捨てたらいいのか分からなかったから、学習机に座ったまま「どうして私はこんなに嫌われてしまったのだろう」と少し泣きましたが、泣き声が漏れると母にあれこれ訊かれるので静かに泣きました。

4 高校時代。

16歳〜18歳

高校生の生活

私は高校での生活に期待していました。

「あんな疎外感を味わうのは二度とごめんだ」と思っていたからです。弟君と一緒にはなれなかったけれど、きっといいことが待っていると信じていましたが、新しい3年間の始まりは「私を疎外する周りがおかしいんじゃなく疎外される私がおかしいんだな」と思い知らされるだけでした。

中学の卒業式からすぐに高校の説明会がありました。制服の採寸を終えると生徒だけ体育館へ集められ、ずらりと並んだ教師たちが挨拶もそこそこに**「今から、我が校に入学するにふさわしい生徒になってもらうべく、1人ずつ身だしなみをチェックさ**

せてもらいます」と宣言すると、生徒指導の検分が始まりました。お眼鏡にかなった生徒は**「はい、君、こっちへ来なさい」**と隔離されるのですが、入学前にもチェックがあると予期していなかった私は、茶髪にミニスカート、ルーズソックスにばっちりのお化粧をしていました。

教師たちは苦々しい顔で**「入学式までに髪の毛を黒くするように」**と命じつつ名前を訊き、**「ん、しっかり覚えておくからな」**と肩を叩きました。「めんどくさいことになったな」と思いました。「弟君と一緒にいたい」という動機だけで選んだので、校則が厳しいかどうかなど考えもしなかったのです。

結局、私は生徒指導の常連客になってしまいました。黒染めをしても**「学校側が推薦する美容室に教師立ち合いの元、指定された髪色にしないと黒と認めない」**と言われたので、怖くなって母に再度染めてもらいましたが、それでも**「まだ茶色い」**と。

「いや、先生もう無理やって。ちゃんと親にしてもらったし、私の地毛も若干茶色いんやって」

「それなら子どもの頃の写真を持ってこい」と言われ、母に相談すると私の髪を油性ペンで塗り始めました。「え……染まる訳ないやん」と思いましたが、迷惑を掛けているのが申し訳なく、されるがままになっていました。

学校へ行くのがだんだん嫌になり、わざと遅刻して登校するようになりました。正規の登校時間は校門に生徒指導が待ち構えているからですが、遅刻しても私だけを狙う教師もいました。

高校は電車通学でしたが、駅の改札口から校門を見て、生徒指導の有無を観察しました。改札口には駅員のおじいさんがいて、遅刻して1時間くらい世間話するのが日課でした。真っ黒いトイプードルを連れていたので、よく触らせてもらいました。

ある時**「なんで学校いかへんのやあ」**と訊かれたので、生徒指導の面々に目の敵にされている現状を話しました。すると**「ぼくの娘もなあ、高校のときは先生にわかってもらえなくて大変だった」**と、娘さんが天然パーマで地毛が明るいのに説明しても教師が納得せず何度もやり合った話をしてくれました。**「だから大丈夫やで、人は見た目じゃないんだから。先生の言うことがいつも正しい訳じゃないし、従うふりをしていればいいいんだよ」**と教えてくれました。

高校へ進学してから、母は暴力を振るわなくなりました。後に**「あんたは反抗期がきつくてお母さんは手がつけられへんかった、怖かった」**と述べています。

確かに、私は中学2年生くらいから反抗期で、恰好も派手になりました。

素行不良で家に電話されることもありました。母には説教されましたが、派手な恰好には何も言わず、「お母さん怒らへんくなったなあ」と思いました。長い休みのたびに、懲りもせず金髪にしていた私を見ても**「あんたまた明るい色になったなあ」**と面白そうでしたし、生徒指導に注意されたので染料を頼むと買ってきてくれるようになりました。

中学卒業の春休みから、町内の牛丼チェーン店でアルバイトを始めましたが、母が反対し、「学費以外のお金は全部自分で出す」のが条件になりました。**「あんた、そこまでアルバイトしたいんやったら、もうお母さんがお金出してあげる必要ないわな」**と言われたのが決定打でした。

生まれて初めての給料で買ったのは黄色い自転車で、母の錆びたママチャリが恥ずかしかったので1番に買いました。通学定期代、昼食代、交際費、高校生にとってお金はいくらあっても足りないので、放課後はほとんどアルバイトです。コンビニ店員やウエイトレスを掛け持ちして休日も朝から晩まで働いていました。「高校を卒業したら、絶対に1人暮らししてやるんだ！」と思っていました。

バイト代入金用の通帳を作ろうとしたのですが、未成年は身分証明に保険証が必要と言われました。母に貸してもらえず、勝手に借りたらバレて怒られ、通帳も没収され、「アルバイト代まで管理されるのか」と悔しくなったので、暗証番号を変え、母のいない隙に通帳を奪還しました。暗証番号はあいうえお順から、憤りと悔しさを元にして作りました。

◇精神的自立＝「せ」＝4　経済的自立＝「け」＝4
◇身体的自立＝「し」＝2　愛憎的自立＝「あ」＝1

高校1年生の夏、父方の叔母が亡くなりました。入水自殺でした。

父の兄の奥さんでした。小さい頃よく遊んでもらい、お年玉やプレゼントをもらったこともありました。お年玉は母に没収されましたが。

両親から訃報を聞いた私は、図工の作品を褒めてくれたことや、いつもお洒落で髪の毛がふわふわで優しかったことを思い出し、胸が締め付けられました。

葬式の日、私は着替えて朝から準備していましたが、出発時間になっても姉が自室から出てきません。両親に「お姉ちゃんは？　一緒に行くんやろ？」と尋ねても**「んーどうかな」**と煮え切らない返事でした。

「ちょっと、入るで」

部屋から出てこない姉にも、おろおろするばかりの両親にも腹が立ちました。

「どんだけ学校でつらいんか知らんけど、叔母ちゃんのお葬式やで。ようけ遊んでもらったんお姉ちゃん忘れたんか。いつまで寝たふりして逃げてるんや。早く行くで」

姉は部屋で寝たふりをしていました。

「別に明日からも私をいじめてくれてかまへんさかい、今日だけは言うこと聞いてや、お姉ちゃん起きてや」

姉は号泣しました。

「あんたがいじめてるやつらやと思っていじめてしまってん。ほんまに悪いと思ってる。すぐ用意するから許して」と泣きながら言いました。

「わかったよ。だいじょうぶやから下で待ってるし急ごや」

私は玄関で姉を待ちながら、姉と3年ぶりに会話できたことが嬉しくて、これで仲直りできると喜んでいました。

しかし、父が運転席に座り、母が助手席のドアを開けようとした瞬間、**「あたし、前に乗る!」**と言い出しました。斎場に到着しても私の横には座ろうとせず、一度も言葉を交わしませんでした。

私はこの時初めて、姉の態度に心底呆れ返ってしまいました。この人にはこれから無関心でいようと決め、叔母の息子で3歳年上の従兄とタバコを吸って世間話をしていましたが、数か月後、この従兄も後追いで入水自殺してしまいました。

「しょうちゃん(従兄)はお母さんのことが大好きやったからなあ、会いたくて我慢できんと行ってしまったんやろ」と後日、親戚のおばちゃんが話しているのを聞いて、やるせない気持ちになりました。

やがて、私が実家を飛び出すと、姉も交際していた彼氏と駆け落ちしました。姉も私も両親が「普通でない」ことを知っているので、強硬手段で脱出したのです。

それでも、姉のことはひとつ尊敬しています。いじめられていた悔しさを勉強にぶつけ、進学校から国立大学に進んだことです。家にいる姉はいつも勉強していて、学生時代、遊びやアルバイトにだけ力を注いでいた私は素直に感心していましたが、大学4年で駆け落ちしてしまい、慌てた母は休学届を出しました。

数年後、失敗して実家に戻った姉は、復学するよう勧められても「自分だけ年上で恥ずかしい」と首を縦に振りませんでした。姉はこの頃から、私をいじめていたことをひたすら謝るようになりました。姉が恐縮するほど気にしていなかったので「だいじょうぶだよ、昔のことやからいいよ」と伝えました。

はじめての補導

相変わらず万引きをしていました。

主に自宅近くのスーパーでしたが、16歳になってすぐ原付免許を取得したので、休日は隣町で万引きし、学校帰りは友人と高校の近くで万引きしていました。真面目そうな同級生の中にも万引きをしている人がいたのです。とはいえ、放課後のバイトを優先していたので、週に2回くらいでした。1人の時は衣類なども盗みましたが、同級生と一緒の時は学校カバンの中に入るアクセサリーや雑貨を盗んでいました。

初めて万引きで補導されたのは高校1年生の冬でした。冬休み明けに学年テストがあり、最終日は早く終わったので、いつものように高校近くのショッピングモールで万引きしていました。雑貨屋さんで色違いのポーチやシールやキーホルダーを「おそろいにしよっか」と言って万引きし、同級生は**「彼氏に手紙を書くときに使いたい」**とレターセットなども万引きしていました。

その後、モール内のゲームセンターで盗品を持って「おそろだよ」と落書きしたプリクラを何枚か撮り、フードコートでアイスクリームを買い「この味なんかおいしいよね、テスト終わって嬉しいね」などとベンチで座りながら話し、もう一度雑貨屋さんに行って万引きして、自転車を停めた場所に一番近い自動ドアへ歩いていると、背後から万引きGメンのおばさん2人に「**あんたら、全部見てたで、ちょっと来なさい**」とそれぞれ腕を掴まれました。

私は咄嗟に走りました。自動ドアの向こうまで走ればなんとかなる。逃げないと、万引きくらいで捕まるなんてカッコ悪い。逃げないと、このカバンの中見られたくないもん。逃げないと、私、何も悪いことしてないもん、ちょっと欲しい物こっそりもらっただけやもん。

ローファーのかかとを踏みつけながら歩いていた日頃の罰が当たったのか、懸命に走ったのに自動ドアはゆっくり開き、その間に再び、がっちりと腕を掴まれました。さっきよりも強く。

ちょっ、もうわかったから、逃げへんから、痛いって、掴まんといてよ、自分で歩くから、痛いって。

「**この子、逃げたで、クセわるいな、絶対警察に言うからな**」

捕獲された出入り口からスタッフルームまでは距離があり、腕を掴まれながら歩く私たちを通り過ぎる人々がちらちらと見ていました。すごく恥ずかしかったけど、俯いたらおしまいだと思った私は、不貞腐れた感じで前を向き、粋がって歩いていました。同級生は俯いて泣きながら歩いていました。

泣きたいのはわかるけど、泣くほどではない。泣いたほうがいいのだろうけど、泣きたい気分でもない。それよりも自分たちにどのような処遇が待ち受けているのか心配で、目を見開いていました。

スタッフルームで**「カバンの中のもん全部出しなさい」**という指示に従うと、店長らしきおじさんも現れ、淡々と商品の値札を見ながら被害額の計算をしていました。1人6千円くらいでした。私は「1人でするときより少なくてよかった」と思いました。おばさん2人はおじさんに犯行状況を報告し、**「同級生に見張り番をさせ、ひとりで逃げようとした」「今もあっちの子は泣いているのに、この子はけろっとしている、すぐに警察を呼びましょう」**と主張した。

私たちは2人とも「ごめんなさい」を連発していたけど、無表情のおじさんは淡々と**「じゃあ電話してくるわ」**と言い、別室へ消えた。

私が逃げようとしたのは間違いないけど、万引きする時は交互に通路を見張っていたので実行犯は2人だ。

なのに、私の方が同級生より心証が悪くなっている。

しばらくすると警官3人が現れ、万引きの事実確認をした後、署への連行を告げられた。生まれて初めて乗るパトカーの窓の外を見ながら「幼稚園児が初めて乗るパトカーに興奮しているのとは訳がちがうよなあ」とくだらないことを考えていた。警察署に着くと下着姿で身体検査をされ、顔写真を撮られ、指紋を採取された。

広めの会議室の右端と左端に座らされ、それぞれ刑事2人の事情聴取を受けると、時折、同級生のすすり泣く声が聞こえた。同級生に見張り番をさせていた件は事実でないと刑事2人を納得させるため、かなりの時間を費やし、口論にもなった。そのたびに**「お友達は泣きながら反省しているのに君の態度はなんだね」**と怒られ、悔しかった。

結局、3時間以上経過して疲れきった私は、調書の内容も見ずに署名捺印した。調書が完成すると**「ご両親が迎えにこられるからここでしばらく待ちなさい」**と言われた。同級生は自宅と署が同じ市内なので早かったが、私はさらに30分以上待った。両親の顔を見ると反抗期であることも忘れ、中途半端な顔で「迷惑かけてごめんなさい」と小声で言うことしかできなかった。父も母も怒鳴ったり殴ったりはせず、**「お店に謝りに行かなあかんから行くで」**と硬い表情で言った。

親子3人で久しぶりに乗った車中は無言で、ショッピングモールの通用口から店長を呼び出してもらった。相変わらず無表情なおじさんは頭を下げる3人を見て**「はいはい」**と言ってすぐに去った。当時は思いもよらなかったが、両親は私を迎えに行く前に店長に謝ってくれていた。かなり分かりにくい場所の社員通用口へ迷うことなく早足で歩いていったのだから。

帰宅後も両親からは怒られず、逆に拍子抜けした。夜11時を過ぎていたので**「早く寝なさい」**と言われただけだったが、翌朝、家を出る時、母に**「昨日のこと、ちゃんと先生に言うんやで」**と釘を刺された。

朝のホームルームが終わり、先生に「ちょっと話があるんですけど」と切り出すと**「ん、校長室に行こか」**と言われた。校長室に着くと**「それみたことか」**という顔をした生徒指導の面々と校長がずらりと並び、自宅謹慎処分を言い渡した。謹慎期間中の課題をどっさり渡され、生徒指導が自宅を毎日訪問する旨も告げられた。

「今日から謹慎期間開始だから、もう帰りなさい」

改札口にはおじいさんも犬もいなくて、家に帰るしかなかった。

母に伝えると**「謹慎期間は外出、アルバイト、ケータイ禁止」**と宣言されました。

娘に久しぶりにお灸を据えられたと思っているようで、いつもより元気でした。

「ケータイ代は自分で払っているんだから、せめて夜だけは触らせてよ」

交渉の末、**「夜1時間だけ触ってもよい」**と話がまとまり、ケータイはその場で没収されました。課題のプリントを始めても集中力が続かず、図書館で借りた小説を読んで時間を潰していました。夜になって母からケータイを借り、同じく謹慎になった同級生へ電話しましたが、**「推薦入試で入学してくれた君には先生たちも期待しているのに、友人に誘われたからと言って悪いことはしてはいけないよ、しっかり反省してこれからは頑張りなさい」**と、生徒指導の面々から同情的な言葉を投げかけられたと教えてくれました。私には期待の**「き」**もありませんでした。

「昨日泣いていたけれど、大丈夫やった?」

「あなた、補導されてからずっと貧乏ゆすりしていて、その方が心配だったよ」

本当に心配そうに言われました。私はまったく自覚がなかったので、泣かない代わりに膝が震えていたのだなと思いました。

「中学校のときからずっと万引きしてたけど、昨日ほんまに怖くって懲りたからもう二度とやめとこうと思うねん」

「あ……そっか。そうやんな、その方がいいよ」

「やめへんの?」

「いや……私もやめるよ、うん、やめよな」

そう言いましたが、やめようとは少しも思いませんでした。「災難だったなあ、捕まるなんて運が悪かったなあ」としか思わなかったのです。

しかも、同級生は1日で課題プリントの束をすべて終わらせたらしく、重松清の小説でセンチメンタルな気分に浸っていた私とは雲泥の差でした。

課題プリントや母への写経提出より辛かったのは、毎日の生徒指導訪問でした。どの先生も私の部屋で話したいと言いました。2人きりで話すと意外とフレンドリーな先生もいましたし、担任の先生はくまさんみたいな体型のほんわかした先生で優しかったですが、どうしても馬の合わない先生がいました。〈タペ〉と呼ばれていた歴史の先生で、私が授業中に居眠りするたび、怒って大声を出したり、机を叩いたりするのが嫌でした。答案を返す時も**「おまえは授業態度が最低なのにテストの点数だけいいのは納得できん」**と声を張り上げるので「めんどくさ」と思っていました。

来訪からずっとイライラしていましたが、早く謹慎が解けて登校したかったから反抗せず、「はい」「そうです」と生返事を繰り返しました。退室した〈タペ〉を玄関まで見送る気分にもなれず、階段を下りていく音に合わせて部屋中にファブリーズを吹きかけたら、踵を返した〈タペ〉が階段を駆け上がり**「おまえってやつはほんまに呆れるわ」**と憎々しげに私を睨んでようやく帰りました。ポマードを塗りたくっている〈タペ〉の体臭に部屋が覆われることに耐えられなかったのです。〈タペ〉は屈辱だったでしょうが私も屈辱でした。結局、同級生よりも1日長い謹慎期間でした。

高校3年生

高校は総合学科でしたから、3年生になると進路別にクラスが分けられます。アンケートは「進学」に○をつけましたが、具体的な将来像はなく、アルバイトに精を出していました。選んだ文系クラスの授業は比較的のほほんとしていて、フィールドワーク、自由研究、テーマ作文、国語に特化した内容も多かったです。

半分以上は履修する授業を選択できるので、「現代作家」「日本語研究」「文章構成」「語彙能力」「文豪の歴史」がテーマの授業ばかり選択していました。芥川龍之介『羅生門』の終わりの続きを考える授業があり、2週間後に先生が選んだ作品を朗読すると聞いて、私は自信満々でした。隠れた才能が開花する瞬間だと胸を高鳴らせていましたが、箸にも棒にもかかりませんでした。

朗読された作品は闇に消えた男が改心して家族に会いに行ったり、髪の毛まではぎ取った老婆を供養していました。ぜんっぜん面白くない。そんな訳あるかい。今でもそう思いますが、私の作品も「男は走った。ただ走った。頭に浮かぶ一切を考えまいとした」と心理描写ばかり延々と続いていました。「生きている意味や走る理由も分からなくなり、闇と一体化していく」という末路を伝えたかったのですが、これはこれで自意識剥き出しで赤面ものです。

この頃、駅でタバコを吸っているところを警官に咎められ、また謹慎処分を受けましたが、漫画の『NANA』が大流行した影響で、Vivienne Westwood が大ブームでした。私も以前から『Zipper』を読んでいて大好きでしたが、右も左も Vivienne の財布やマフラーばかりの同級生たちを見て熱が冷め、お気に入りの数点だけ残し、ネットオークションで売り払いました。

ショッピングモールへ行くと「Vivienne 風」のアクセサリーがわんさかあり、県外の百貨店へ行くと本物の Vivienne のハンカチなどが並んでいました。「これはいけるんじゃないか」と思った私はまとめて大量に万引きし、ネットオークションで売り捌きました。販売履歴に本物の Vivienne を多く扱っていたことが残っているので、激安の「Vivienne 風」を見抜けず、踊らされて買う人がたくさんいました。商品写真はわざと精度を甘くし、本物も定価の5割増で販売しましたが、近所にVivienneがない遠方の同年代女子たちに驚くほどよく売れました。

しかし、取引終了後の販売者評価欄に**「明らかに本物じゃないと思いマス！」**と投稿され、「本物が2千円で買える訳あれへんやん。ミーハー女子め」と思ったのと、同じ店で同じ物を盗みすぎると危険なので、数か月で止めました。

ちなみに今もアクセントとしてのVivienneは好きで、アクセサリーやハンカチなどを新しく買い揃え、たまに使用しております。かわいいよねオーヴはいつ見ても。

水商売と家出

高校2年生になり、近所の割烹料理屋さんで仲居のアルバイトを始めました。以前から働いていたレストランとの掛け持ちです。料理屋さんのカウンターは平日でも常連さんで賑わっていました。

常連さんの1人にサラサラ金髪ミニスカート、デニムLouis Vuittonボストン姿のおばちゃんがいました。いつも従業員用の勝手口から入ってカウンターに座り、常連感を醸し出していました。大将や板前さんを真似て「今日もキレイですね」「いつもいい匂いしますね」「ほんと若いですね」と挨拶していましたが、内心「ケバいなあ」と呟いていました。

おばちゃんは私の1つ上の先輩仲居さんとプライベートでも仲良しでしたが、仲違いしたらしく、急速に私との距離を縮めてきました。

「今、ここで給料いくらもらってんの?」

「月5万円くらいですかね」

「時給が倍以上のバイト紹介してあげよか」

そして、車で30分ほどの距離にある盛り場のスナックでアルバイトを始め、おばちゃんがリーダーのコンパニオングループでレギュラー要員になりました。おばちゃんの昼間の仕事は生保レディーで、コンパニオン仲間も彼女の同僚ばかりでした。

レストランは辞め、仲居さんとスナックとコンパニオンと学生の兼業生活が始まりました。17歳の秋でした。

とはいえ、水商売は高校卒業までの1年以上、すごく辛かったです。送迎車で帰るたびに凹んでいました。それまでの私は「けっこうお洒落、顔もましな方」だと思っていましたが、お店や宴会席で容姿を褒められることはなく、むしろ嗤われていました。服も周囲の見よう見まねで、万引きで調達していましたが、安物ばかりでセンスも悪いので、いつもお姉さん方から**「ん～今回もすごいねえ」**と言われていました。お化粧も下手で、肌は白く、目は黒く塗ればイケてると思っていました。

お姉さんのヘルプかいじられキャラで、お酒もまったく飲めないので、内心は「行きたくないな」「早く帰りたい」「もう二度と行きたくない」の繰り返しでしたが、自立するためにはどうしてもお金が必要でした。

水商売を始めてしばらく経った頃、割烹料理屋さんの大将が自殺しました。裏の駐車場に停めていた店の車でのガス自殺でした。野球賭博で莫大な借金があったそうです。生命保険で返済するしかないと〈その道〉の人に言われ、アシストしてもらいながら自殺したのだと、電話口で号泣するおばちゃんから聞きました。おばちゃんと一緒に通夜に出席させてもらいました。私は制服を着て行きました。

おばちゃんは沈痛な面持ちでしたが、久しぶりに会う知り合いも多く社交場のようになっていました。〈その道〉の人も多数いました。板前さんが年老いた大将の両親に代わり、通夜を取り仕切っていました。大将の両親に育てられ、中学生になっていた前妻との息子さんがぽつねんと佇んでいましたが、挨拶を促されると気丈に話しました。店はもちろん閉店になりました。

息子さんは中学を卒業した後、料理人の住み込み修行で家を出たそうです。通夜で見た顔は思い出せないのに、彼のことは時折思い出しました。陳腐な言葉だけど、幸せになってほしい元気でやってほしいと要らぬ姉御心で祈りました。

高校3年生の夏、1人だけお客さんが付きました。北海道出身30代男性のトラック運転手で、週に何度か来るたびに家族間の不和を話し、家を出たいと力説しました。

当時の私は、家族の話だけ饒舌になる癖があり、周囲は辟易していました。トラックさんは**「結婚を前提に俺と付き合おう」**と言い、結婚ソングを熱唱しました。トラックさんは小さくて白くて太っていてスキンヘッドで変な服を着ていて前歯が2本だけ出ていて、ビーバーにしか見えなくてまったく好きになれませんでしたが、私と付き合うためにあの手この手で口説いてくるので、だんだん面倒になってきました。

友人を助っ人に呼び、友人がトラックさん改めビーバーさんの美点を延々と語る。友人とその彼女を連れてきて**「ダブルデートしたい」**と言う。好みではないアクセサリーを頻繁に渡される。店のマスターに私と結婚したいと大声で頼む。私は「家を出たいからこのアルバイト生活は変えられないし、付き合ってもあげられないよ」と繰り返していましたが、私が高校生だということは、マスターも含め誰も知りませんでした。

すると、ビーバーさんが**「俺が部屋を借りてあげるよ」**と申し出てくれました。渡りに舟でした。お金は貯まっていたのですが、未成年の上に高校生なので、不動産屋で門前払いされていたのです。ビーバーさんは名義だけ貸してくれたので、原付バイクに大きな袋をいくつも乗せ、こっそり引っ越しました。

高校3年の11月、隣町のレオパレスで1人暮らしを始めました。クリスマスはビーバーさんとホテルのディナーを食べ、欲しがっていたブランドバッグとアクセサリーをもらいましたが、コーンスープを啜るビーバーさんが気持ち悪くて目を逸らし、窓の夜景を見つめつつ「私ここでなにしてるんやろう」とぼんやりしていました。私の部屋へ上がりたいと照れくさそうに言われましたが「明日早起きやねん」と身を翻し、さっさと帰りました。

数か月後、ビーバーさんから電話がありました。

「俺が北海道に住みたいって言ったらどうする？」

「うーん、自分の人生やから自分で決めたらいいいんちゃうかな」

「もう知らんわ」

電話を切られ、案外あっさりビーバーさんとの関係は終わりました。

そのまま音信不通になったのですが、部屋は解約しないでくれたので、家賃を振り込めば住み続けることができました。結局、1K6畳ロフトに隣人のトイレ流し音付きの部屋に1年半ほど住み続けました。

高校卒業

同級生たちは進路へ向けて着実に舵を切っていきますが、私は目先のことばかり考え、未来なんて考えようともしませんでした。

いよいよ進学先を決める段階になっても図書館通いを続けていました。本の中で考えあぐねる人と重ね合わせ、自分の将来をごまかしていましたが、突然、「あ、図書館で働きたい」と思いました。妄想の中で本に囲まれ、エプロン姿で働いている私は猛烈に輝いていて、私は幼稚園の頃からの付き合いで顔なじみになっていた図書館カウンターのお姉さんに尋ねました。

「ここで働くにはどうしたらいいんですか？」

お姉さんは笑って**「ほんまやね、大きくなってもずっと来てくれてるもんね。そういう子珍しいんやで、みんな大きくなったら図書館に来んくなるやろ、一緒に働けたら私も嬉しいな、そっかあ、もうそんな年になったんかあ」**と言い、図書館で働くには「図書館司書」の資格が必要だと教えてくれました。

そのことを母に話すと、**「公務員なんやで、図書館の人って！」**と喜びました。担任の先生に図書館司書の資格が取得できる短期大学を調べてもらい、夏休みに見学へ行きました。「なんか地味な学校やなあ、まあいっか」と思いつつも、専願の推薦入試で進学が決まりました。

なのに、高校の卒業式に出席することはできませんでした。

出席できなかったのは学年で1人だけでした。1人暮らしとアルバイト生活に浮かれ、進路が決まるとさらに学校へ行くことがどうでもよくなりました。好きな授業がある時、友人に会いたい時、気が向いた時だけ原付バイクに乗り、気まぐれに登校していました。卒業式の練習も参加せず、当日は金髪ロングヘアを頭のてっぺんでお団子にして黒彩を大量に振り、生徒指導の目をかいくぐるためにわざと遅刻しましたが、彼らはいました。3人もいました。腕を組んで悠然と待ち構えていました。

黒彩で完璧に金髪を覆い隠したと自負していたので、睨みつける彼らに気づかないふりをして通り過ぎましたが、案の定呼び止められ、髪の毛を丹念に触られ**「あん**

た、奥に金髪あるやん、帰りなさい」と言われました。悔しかったけど反論して論破できた試しがないので引き下がり、原付を停めていた近くの公園へ戻りました。

「なんかめっちゃ惨めやん」

このまま帰るのはあまりにも悲しいので、校門の反対側にある雑木林から校舎へ入りました。生徒指導との戦いの中で校門以外のコースを4つ発見しましたが、見つからない雑木林コースは、髪も服も靴も葉っぱや泥で汚れる過酷な道でした。やっとの思いで教室に辿り着いた私は「先生、私もみんなと同じ胸のリボンちょーだい」と担任に笑いかけました。廊下に生徒が整列している最中で、担任は**「おまえ、ひさしぶりやなあ、ん、ちょっと待っとけ」**と歩いていきました。

私はクラスメイトから**「ひさしぶりー」**などと言われながら、リボンの到着を待っていましたが、苦々しい顔で戻ってきた担任は**「髪の毛のことがあるから、出席させられへんって言われてきたぞ、式の間はどこかで待機しとけ、11時半に校長室で証書渡すから」**と告げました。

「え、まじで無理なんや」

ショックでぼんやりしていると、普段たいして話したこともないクラスの男子たちが**「かわいそうやんけ、出席させたれやー」**と言ってくれました。お祭りの高揚気分でなぜか担任に詰め寄ってくれる男子もいましたが、幾多の戦いの末、反論は無意味だと学んでいた私は「わかりました、先生ばいばい」と言い、図書室へ行きました。もちろん、誰もいませんでした。

石油ストーブに火を入れ、ソファーで横になりました。卒業式の喧騒と自分の間抜けさに落ち着かなくて眠れませんでした。よく授業をサボって、本を読んだり寝たりしていましたが、今日でここも最後やなあ、と本棚を眺めると『星の王子さま』が目に入りました。〈本当に大切なものは目に見えないとかなんとかが決め台詞の本〉は今の自分にぴったりで、通学カバンの中に入れました。返却予定はありません。

王子を盗んだ私は「これでおあいこだ」とすっきりしました。ケータイのアラームをセットして横になると、ストーブの音を聞きながら眠りました。もう外の音も気になりませんでした。電子音で目覚めるとよだれを拭い、校長室へ行くと、生徒指導陣、担任、校長がいました。謹慎通告の時と同じ面々です。

卒業証書を受け取り、さっさと退室しようとした私を〈タペ〉が呼び止め、茶色い封筒を渡されました。中を覗くと、没収された大量のピアスが入っていました。「いらねー」とは言えずに受け取り、誰と話すこともなく校舎を後にしました。

隠しておいた原付バイクに乗って帰ろうとした時、無性に駅員のおじいさんと黒いトイプードルに会いたくなった。誰かに**「そんなに悪くないよ」**って言って欲しかったけど、朝の通学ラッシュ以外の時間は無人駅で誰もいない。それでも今日は会いたかった。黒いトイプードルの名前はナナちゃんだった。原付バイクで通学するようになり、おじいさんとナナちゃんに会うことが減っていた私への罰だと思った。

　帰宅してすぐに制服とピアスの封筒を燃えるゴミ袋へ入れました。「もう肩が重くなる紺のブレザーや可愛くないプリーツスカートを履かなくていいんだ、もう髪の毛の色やピアスで玉砕しなくてもいいんだ」と清々しくなりましたが、最後まで協調性もなく、校風に合わせられなかった。周囲に馴染んで目立たない方がよっぽど賢いのに負けたくなくてできなかった。

27/09/2005
CAM 02
REC
04:27:06 PM
27/09/2005
CAM 02
REC
04:27:08 PM

5 短期大学時代。

18歳〜20歳

短期大学の生活

寝てばかりいました。通学の車中も講義中も休憩時間も寝てばかりいました。

19歳の夏の終わりにキャバクラで働き始めてから労働時間が長くなり、夜8時〜翌2時まで働いていましたが、月25日以上出勤の皆勤手当欲しさにシフトを組んでいました。スナックは辞めましたが、コンパニオンにも月5回ぐらい出勤していました。

実家を飛び出した娘に両親は**「学費は自分で払いなさい」**と告げたので、夜は働いて昼に寝る生活を2年続けました。

19歳の夏、私の部屋に泊まった男性が翌日、亡くなりました。

朝、玄関で**「ほな、このままバーベキュー行ってくるわー」**とキスをして別れた数時間後、ビールを飲んで酔っぱらったまま川へ飛び込み、足が攣って溺れたのです。**「終わったら会おうな」**と言っていたのにメールの返事がないからどうしたのかな、と思いながら眠ると、翌朝、同行していた知人から訃報が届きました。自分のせいだと思いました。寝不足にさせたのは私だからです。寝不足でお酒を飲んだから溺れちゃったんだと思いました。

1か月後、知人と一緒に男性の家へ行き、仏壇に手を合わさせてもらいました。葬式には行きませんでした。男性の彼女が半狂乱になっていたと後に聞きました。男性に遠距離恋愛中の彼女がいたことを、訃報の電話で初めて知りました。

「あいつの彼女もかわいそうに」

男性は亡くなる前夜、**「彼女いないし付き合ってよ」**と私に言いました。

だから、葬式には行きませんでした。私には悲しむ権利がないと思いました。こっそり別の知人に付き添ってもらい、男性が亡くなった川辺に花を供えました。

遺体を見ていないので、亡くなったことが信じられませんでした。

メールの返事が届くような気がして、ぼんやり画面を見つめたりしましたが、図書館で新聞を読むと、地方面に溺死事件が小さく載っていました。それでも私は信じられず、数か月ぶりの実家で別の新聞を読みましたが、その新聞にも同じ事件が載っていて、古新聞の束の中で動けなくなりました。

珍しく実家へ顔を出した娘に、母が言いました。

「あんた何の用なん、用済んだんやったら帰ってや」

「知り合いが死んでん」

「なんなんあんた、気持ち悪い、帰ってよ」

「この新聞もらっていくわ」

帰宅してからも新聞を見つめながら泣きました。誰の言葉よりも新聞の文字が亡くなった事実を淡々と告げていました。

人が亡くなっても私は学校へ行くしキャバクラで働くし、悲しいのに日々をこなせてしまう自分が薄っぺらいと思いました。壊れてしまうくらい悲しむことができない自分は薄情者だと夜中に泣いていました。

ごめんなさい、と言いたかった。

男性が亡くなってから2週間後、〈元〉夫になる仲嶌《なかじま》と出会いました。

働いていたスナックのマスターがジェットスキーを買う予定でしたが、金回りが悪くなり、マリンショップに先払い分の返金を依頼していました。

夜、お姉さんとぼんやりカウンターに立っていると、2人の店員が返金に来て、その1人が仲嶌でした。私は水商売経験からオタク系男子には強いけど、イケメンには弱い。緊張してしゃべれなくなってしまう。

だから、その時も「え、めっちゃかっこいいやん、無理無理」と思って、怪訝な顔をするお姉さんに懇願し、常連のおじさん連中に付かせてもらった。現金入りの封筒をお姉さんに渡した2人はカウンターで1時間くらい飲んでいたけど、お姉さんに**「ちょっとは付いとかなあかんよ」**と注意され、しぶしぶ2人の前に立った。

仲嶌の顔は男前すぎて見れなかった。話したくなくて「カラオケどうですか？」と勧めては断られ、よけいに気まずい思いをしました。帰る姿を見送りつつ「仲嶌さんめっちゃかっこいいなあ、私の今日のドレスださいから失敗したなあ」とぼんやり考え、閉店後はお姉さんとイケメンが来店した時の定番話をしました。

「ジェット屋さんの人めっちゃかっこよくなかったですか？」

「どっちの人？」

「若い方です」

「そっかあ、あたしはもう1人の方がタイプかなあ」

1か月後、スナックで一緒に働いていた別のお姉さんがそのマリンショップで昼間の事務員として働くことになりました。

「仲嶌さんかっこいいですよねー」

「紹介してあげよっか？」

「いやいや、恥ずかしいんでいいです、私、しゃべれなくなるんですよ」

「いいやん、がんばりーや」

帰宅してふとケータイを開くと電話帳に「仲嶌」と登録されていて、まったく身に覚えがなかったので、事務員お姉さんに電話しました。

「仲嶌さんの連絡先登録しましたか？」

「え、ほんまにあたし知らんで」

「090××……って仲嶌さんですか？」

「待ってや、見てみるわ……うん、合ってるで」

狐につままれたようでしたが、仲嶌に連絡してみました。

2人で食事に行くことになり、「1人暮らしで野菜が全然食べれてないねん」と言う私に生春巻きを注文してくれました。帰りの車の中で親しくしていた男性が亡くなって落ち込んでいる話を仲嶌は黙って聞いていました。その夜から週に6～7回会うようになりました。結婚まで約2年半、私たちはそのペースで会い続けました。

19歳の補導

毎日忙しく大学、アルバイト、遊びのスケジュールをこなしつつ、週に何回かの万引きも続いていました。大学の講義が早く終わった日や週末の昼は万引きをするためにスーパーやショッピングモールへ行きました。

周囲の誰も知りませんでしたが、19歳の秋、補導されました。電気カーペットを脇に抱え、堂々と店外へ出たところを保安員のおじいさんに捕まりました。8千円くらいの商品でした。

警察に引き渡され、身体測定、顔写真撮影、指紋採取、調書作成で6時間いましたが、「バイト先に欠勤の連絡だけは入れさせて欲しい」と頼み、店長へ電話しました。長時間パイプ椅子に座っているだけでしんどく、警察官からの質問には机に突っ伏しながら「うん、うん」と頷き、早く帰りたい早く帰りたい、と思っていました。

日付が変わる頃、両親が警察署へ迎えに来てくれました。補導されたショッピングモールと警察署は道路を挟んで向かい側にあったので、ぞんざいな態度で謝り、問いかけも無視して、停めたままの車で帰りました。

まったく反省していなかったので、1週間後に再び補導されました。

いいえ、人生4回目の補導と思っていたら、逮捕でした。

家に帰れなくなりました。

当時、衣食住の9割以上を万引きで調達していました。毎日の食事はダース箱ごと万引きしたカロリーメイトか大きなスポーツバッグで万引きしたカップ麺か外食でした。20回に1回くらいは気まぐれで野菜を買いました。100均で万引きするくせに100円の野菜を万引きするのは馬鹿らしいというルールがありました。それでも20回に19回は万引きしていたのですが。

自分のお金を使うのは学費、ガソリン代、タバコ代、交際費と、たまに普通の買い物をしたくなる時だけでした。家具や家電、ブランド物など高額な品は水商売のお客さんに買ってもらい、毎月40万円くらい貯金しました。

4回目の補導とタカをくっていた私は、連行されたスーパーでも警察署の取調室でも不遜な態度でした。その時は2800円くらいの万引きで、ツナ缶、ゴミ袋、お刺身などでした。

補導にも慣れ、バックヤードへ連行される時ですら、家賃の管理会社と電話でやり合うほど日常化していたので、万引きの手口も雑になっていました。同じ店でほぼ同じ恰好で同じカバンを使って何回も盗み、周囲の確認も怠っていました。

調書を取られながら犯行を振り返ると、「今日は静かだったな、周りに誰もいなかった」と気づきました。いつもより店員さんが少なかったのは、連日万引きしていた私を捕獲するためで、わざと万引きしやすい雰囲気を作っていたのです。

私は「バイト先に欠勤の連絡だけは入れさせて欲しい」という申し出を却下され続け、苛立っていました。補導されたことよりもバイトに行けないことが嫌でした。

「君、全然反省してないやろ、前回から全然、日も経ってないし、今回は長くなるからな。今から逮捕状読み上げるから、よく聞きなさいよ」

その時、初めて事の重大さに気づきましたが、自分の犯してしまった事件の重大さではなく、家に帰れなくなることをしたんだ、という「浅い」重大さでした。

「え、じゃあいつ帰れるん？」

「答えられへんな」

押し問答を繰り返した挙句、**「今から、違うところに連れていくから待っときなさい」**と言われ、誰もいなくなった取調室の机に突っ伏して「嫌だ嫌だ嫌だ帰りたい帰りたい」とひたすら思っていました。途中、湯を注がれたマルちゃん白い力もちうどんを差し入れられましたが、食欲なんてなく、1口も食べませんでした。今でもスーパーで見ると、19歳の夜中の取調室を思い出します。

午前1時過ぎ、県内で唯一、女子留置所がある警察署へ移送されました。

人生で初めて手錠が掛けられ、腰縄を巻かれました。1時間ほどワゴン車に揺られ、到着すると女性警官に荷物チェックと身体検査をされ、入浴を命じられました。

「あなたのことはこれから〈9番さん〉と呼ぶからね」

不安で胸がいっぱいになり、小窓から覗かれつつ入浴を済ませました。

緑色のシャンプーは台所洗剤の容器に入っていて、入浴後は雑巾で扉や脱衣所を拭き、付着した髪の毛は新聞紙で作った入れ物の中に捨てるのだと教えられました。

檻の中で起きるとすぐ検事調べと裁判所での拘留決定が行われ、丸1日かけて再び調書を取りました。取調室から留置所へ戻るエレベーターの中で急に声を出し、わんわん泣きました。強面の男性刑事が**「その涙を見て僕は君の更生を信じるよ」**と腰縄を持ったまま言いました。

次の日の午前中、再び検事調べがありました。若い男性検事でした。

「実を言うと今まで何回万引きした？」

「5回くらいです」

「そんな訳ないやろ、何回？」

「5回です」

「自分さあ、そのタイプなんやね、何回？」

どうしても「数えきれない」とは答えられませんでした。検事調べの引率に来ていたおじいさん警官が留置所へ戻る車内で**「なんで正直に言わへんかったんや、心証悪くなるで」**と説教してくれたのですが、「300回以上」と答えたら家に帰れなくなると怖くて言えませんでした。嘘を突き通した私は「それでも」家に帰れず、鑑別所へ移送されました。「だからこそ」帰れなかったのですが。

昭和の子ども部屋のような檻に入り、夕食を食べました。逮捕されてから食欲がなく、留置所で女性警官たちに怒られても食べなかったので久しぶりの食事でしたが、

郵便はがき

料金受取人払

新宿局承認

739

差出有効期間
平成30年6月
30日まで

1 6 0 - 8 7 9 2

8 6 4

東京都新宿区愛住町 22
第3山田ビル 4F

(株)太田出版
読者はがき係 行

お買い上げになった本のタイトル：

お名前	性別 男・女	年齢	歳
ご住所 〒			
お電話	ご職業	1. 会社員	2. マスコミ関係者
		3. 学生	4. 自営業
e-mail		5. アルバイト	6. 公務員
		7. 無職	8. その他（　　　）

記入していただいた個人情報は、アンケート収集ほか、太田出版からお客様宛ての情報発信に使わせていただきます。

太田出版からの情報を希望されない方は以下にチェックを入れてください。

□ 太田出版からの情報を希望しない。

本書をお買い求めの書店

本書をお買い求めになったきっかけ

本書をお読みになってのご意見・ご感想をご記入ください。

＊ご投稿いただいた感想は、宣伝・広告の目的で使用させていただくことがございます。あらかじめご了承ください。
＊太田出版公式HP（http://www.ohtabooks.com/）でもご意見を募集しております。

大豆などをトマトソースで煮込んだ、冷めた給食のようでした。グリーンピース以外は完食しました。部屋替えが何回もあり、その都度、徹底的に掃除するのですが、ホコリや陰毛だらけで非常に嫌でした。

この時は未成年でしたので、留置所内でも他の逮捕者と同室にならず隔離され、鑑別所へ移送されましたが、留置所と拘置所と刑務所には以下のような違いがあります。

◇留置所…逮捕されたらすぐに閉じ込められる警察署内の施設。窓のない格子付きの檻。洗面は朝、夕2分間のみ。入浴は週2回15分間。48時間以内に拘留を続けるかどうか裁判所で決定される（送致という手続き）。拘留中は刑事の長く厳しい取り調べがある。調書が完成すると事件が起訴されて裁判を待つ被告人となる。

◇拘置所…起訴されて裁判待ちの状態、かつ警察が「取り調べ終了」と判断すると拘置所に移送される。閉じ込められながらも比較的のんびり過ごせる（あくまでも受刑者に比べれば）。起訴されると保釈申請ができるので在宅のまま裁判に出廷することもできる。保釈の許可には、所得額で決まる高額な保釈金と身元引受人が必要。お菓子を食べたり手紙を書いたり面会をしたりすること「だけ」を楽しみに生活する。

◇刑務所…裁判所で実刑の有罪判決を受け受刑者として収容され絶望を肌で感じる場所。私は2回の刑務所生活を累計3年3か月ほど過ごしました。

1人だけ嫌いな教官がいました。他の教官と違い、制服ではなく古ぼけた〈茶色スーツ〉を着ていたので、鑑別所長だったのだと思いますが、**「自分の長所と短所について作文を書きなさい」**と言われて提出すると、しばらくして面談がありました。**「裁判所へ提出する、君について僕が考えた文章を読み上げるからよく聞きなさい」**

拘束期間1か月の後半だったので、黙って聞いていましたが、提出した作文の言葉を並べ替えただけで、思わず「自己顕示欲のくだりとか、私の作文と一緒じゃないですか、考えはったところどこなんですか」と尋ねると**「君、自己顕示欲について具体的にどう考えているかね」**と逆に訊かれました。返答すると**「まさしくそうだよ、自己顕示欲だよ！」**と連呼し、自己顕示欲について論議する羽目になりました。自己分析で記入したのに、さも**「僕が最初に気づいてあげたんだよ、感謝したまえ」**という態度が納得できず睨んでいたら、無言の膠着状態になりました。

この面談以降、〈茶色スーツ〉は食器口から新聞を「放り投げる」ようになり、悔しかったです。長い拘束期間で腹が立つことは何回もありましたが、理不尽なのはこの〈茶色スーツ〉ともう1人だけでした。

逮捕→留置所（48時間以内）→検事調べ→家庭裁判所→鑑別所（1か月）という流れを経て、家庭裁判所の審判が下り、1年間の保護観察処分となりました。逮捕直後は食欲がなく、2kg減だった体重が4kg増になっていました。動かないのに食欲だけは旺盛で、3食以外にも自弁でリッツやキャラメルを食べてしまった結果でした。

「少年院送致もあり得るって聞いてたから、よかった」

母が言いましたが、私は帰れる気しかしなかったので「そんな可能性もあったのか」と逆に驚きました。

両親は私をアパートへ送ると炊飯器をプレゼントしてくれましたが、別れて入った部屋の雰囲気がすっかり変わり、物が少なくなっていたので、母に電話しました。

「あんたの部屋、整理させてもらったで。あんた高校の図書館から本借りっぱなしに

してたやろ、郵送しといたからな」

本棚の『星の王子さま』がなくなっていました。勝手に部屋に入られたことに腹が立ちましたが、自由になれたのでゆっくり入浴し、ムダ毛処理に精を出しました。明らかに脂肪が増えた身体を眺めてダイエットを決意し、仲篤に電話しました。

「ちょっと捕まっててん、連絡取れなくてごめんなあ、全身ムダ毛で猿になってるから大変やわあ」などと話し、さっそく会うことにしました。**「何したの？」**とは聞かれませんでした。

夜、アルバイト先へ顔を出しました。**「おつとめご苦労様です、しかし太ったなあ」**とみんな笑っていました。誰も**「何したの？」**と聞きませんでしたが、お姉さんに**「急に連絡取れんくなって店に仲篤さんが探しに来てやあたよ、もうちゃんと連絡した？」**と言われ、胸がじんわりしました。

翌日は大学へ顔を出しました。既に遅刻でいくつか単位を落としていたので、先生たちの部屋を行脚し、「レポートでも論文でも追加提出するので単位をもらえないでしょうか」と頼みましたが、〈健康とスポーツ〉の先生だけは**「あかん、来年もう1**

回受講しろ」と許してもらえませんでした。両親は私が逮捕されてすぐ、総務も兼ねていたこの先生に事の次第を話していたらしく、**「俺は他の先生と違って甘やかさへんぞ、おまえはしたらアカンことをしてしまったんやから」**と言われました。

余談ですが、短大卒業後、この先生は通勤電車でカバンを置き引きして逮捕され、懲戒免職になりました。新聞で事件記事を見た時は「先生もしたらアカンことしてるやん、私に説教したくせに」と憤りを覚えました。

短大卒業直前

そんな学生だったのに、卒業時には第二種中学校国語教員免許と司書教諭の資格をいただきました。母校の中学校で邪険に扱われつつ、更衣室で爆睡しつつ、大好きだった美術教師には白い目で見られつつ、そんなに話したことがなかった体育教師には**「おまえの中学生時代は端から見てて痛々しかったな、今かなり自由な恰好してるけど、だからこそおまえみたいな人材が教員としていいのかもしれへん、だから教員目**

指してくれ」と熱く叱咤してもらいつつ、2週間の教育実習を修了しました。
盲学校1週間、デイサービス施設1週間の実習もこなしましたが、就職活動の出発がまたしても周囲より遅く、教員採用試験も不合格。ようやく「キャバクラが就職先なんてかなわん。私、根本が水商売に向いてないし」と焦って地元の製菓メーカーから内定をもらうと、今度は安心しきってキャバクラ稼業に精を出しました。

◇猫を飼い始める。雑種。金太郎と名付ける。
◇キャバクラでそこそこ調子がよかった。自分の売り上げが数字で表れるのが快感だった。
◇大学に友人はいない。ノートを貸してくれるクラスメイトは何人かいた。
◇空いた時間は仲嶌と一緒にいた。
◇貯金通帳の数字を眺めている時、日々の張り合いを感じていた。

大学卒業の直前もこんな感じでしたが、哲学の講義だけは好きでした。講義中は後方の椅子を繋げて堂々と寝ていました。講義が好きなのではなく、先生が好きでした。

先生が講師の単位はいつもAでした。授業態度は最低でしたが、レポートや論文は得意でした。**「〇〇について論じよ」「〇〇の要約と考察をまとめよ」**というテーマを与えられるとわくわくしていました。家で自論を紙にぶつけるのも、手書きの評価コメントを読むのも好きでした。『無知の知』『パスカル　パンセⅡ』については今でもふっと考えたりしています。

大学も卒業式は出席できませんでした。開始時間を1時間遅く勘違いし、着いた時には式が終わっていました。〈健康とスポーツ〉先生が**「おまえはこんな日まで遅刻すんのか」**と呆れつつ体育館の隅で証書の筒をくれました。惨めだからすぐに帰ろうとしたら、違う科の女子グループから声を掛けられました。

「私らずっと可愛いなあと思っていつも見てたんですよー、一緒に撮ってください」

話したこともなく名前も知らない女子たちに**「今日も可愛いですねー」**と騒がれながら写真を撮ってもらったのは、唯一の良い思い出です。目ヤニのついた顔にジャージ姿、タバコ片手に登校しては寝てばかりいた私のどこが可愛かったんだろう、と思いましたが、嬉しかったです。友達作ってみたらよかった。

キャバクラも辞めました。「社会人になったら水商売は辞めるんだ」と考えていました。開店前にこっそり給料を取りに行くと、店長が**「なみか**（源氏名）**からプレゼント預かってるぞ」**と大きな包みをくれました。なみかちゃんは待機中によく話しかけてくれ、ヘルプで助けてくれた子でした。私は流行りのギャルでもなく3枚目キャラでしたが、自分の売り上げしか考えない愛想なしだったので、お局さんからは嫌われていたと思います。だからプレゼントには感激しました。中に**「これからも頑張ってください。ずっと憧れてでした！」**と書かれた手紙も入っていました。

手紙を見て思い出しました。中学卒業式の時、2つ年下の1年生の麗子ちゃんに手紙をあげたことを。彼女とは家が近所で、小さい頃は一緒に遊んでいましたが、中学卒業後は会わなくなりました。

高校1年の秋、麗子ちゃんの父が所有していた空き地に、親に内緒で買った原付バイクを無断で停めていたのが見つかり、母と謝りに行きました。

麗子ちゃんは不在でしたが、お母さんから**「昔はよく麗子と遊んだってくれてありがとうな、麗子は今でも卒業式にもらった手紙を部屋の壁に飾ってるんよ」**と言われ、泣きそうになりました。反抗期なので泣きませんでしたが、泣いてしまったほうが楽でした。ただ俯きながら謝りました。いつもは娘の失敗を目ざとく見つけて叱る母も珍しく**「今日は晩ごはんここで食べていくやろ?」**と準備を始めてくれました。

辛い記憶だけじゃない。辛い記憶だけじゃなくてよかった。

6 社会人から結婚生活まで。

20歳〜22歳

社会人の生活

製菓メーカーに入社し、製造部門に配属されました。

私も含めて、部署に同期メンバーは女性5人、男性4人。私以外は高卒入社の18歳ばかりでした。早出・残業が当たり前の毎日で、休憩時間以外は座れず、だいたい朝7時〜夜7時まで働いていました。

化粧は1か月で止めました。マスクに帽子に作業服なのでスッピンが楽でした。昼食はカップ麺で、タバコを吸って寝ていました。

慣れない仕事を頑張る自分を鼓舞しようと、初めて中古ではなく新車で車を購入し、平日の夜は相変わらず仲蔦と一緒にいました。休日は1日中。

初任給の給与明細を見て不安になりました。水商売の4分の1以下だったからです。だんだん昇給しましたが、この給料で生活できるのだろうかと不安でした。貯金ができなくなりました。コンパニオンのバイトは続けていましたが、平日休みが多い仕事とのシフトが合わなくなり、また水商売がしたくなって仲嶌に相談しました。

「水商売は学生時代だけってあれだけ言うてたやんか、俺は反対や、しかも会社にばれたらクビになるぞ」

お給料が少なくて生活が大変なのだと説明すると**「俺の知り合いが紹介してくれるスナックやったら働いてもいいぞ」**と言われ、面接に行きましたが、ママの迫力に怖気づいて働くことはありませんでした。

仕事は楽しくなかったです。辞めたいとは思いませんでしたが、やりがいもありませんでした。社会人2年目に入ると「仲嶌という恋人がいなかったら、汗まみれ粉まみれになりながら1人で年老いていくのか」と焦り始め、仲嶌が離れてしまうことも極度に怖れるようになりました。仕事が楽しくないのは仕方ないけど、プライベートまで虚しくなるのは耐えられない。

社会人2年目の夏、私の部屋で仲嶌に逆プロポーズしました。仲嶌は承諾してくれました。私は22歳、仲嶌は32歳でした。互いの両親への挨拶、結納、新居探しなどを済ませて11月に入籍しました。一緒に市役所へ行き、婚姻届を提出しました。

妻となる。母となる

1月にヨーロッパへ新婚旅行、3月に結婚式を挙げ、5月に妊娠が発覚しました。2LDKの新築アパートに住み、共働きで頑張る2人は仲良しで、ペットもいて、すごく幸せな時期だったはずです。マイホームの計画も順調に進んでいました。

しかし、万引きはまだ止められずにいました。

むしろ、どんどんひどくなっていました。頻度も回数も量も多くなっていました。入籍後、吹き出物の再発で皮膚科へ通院し、両親の夢を見て泣きながら飛び起きる夜が増えました。夢の中では昔のように虐待されたり夜這いされたりしています。

夜中、居間で泣いていると、仲嶌は**「明日仕事やろ、はやく寝よ」**と、優しい声と怖い顔で言いました。夢の話をすると、今度は**「過去ばっかり考えるからしんどくなるんやで、今のことをもっと考えなあかんやろ」**と、優しい顔と怖い声で言いました。つわりもひどく、会社のトイレでも家の中でも吐きました。夫婦で入浴中にも吐いてしまい、仲嶌は**「汚いなぁ、やめてくれよ」**と、怖い顔と怖い声で言いました。妊娠後も週に4、5回SEXを求められ、優しい顔と優しい声で**「愛してるやろ？」**と尋ねてきました。

夫婦仲は良く、仲嶌のことは結婚後も変わらず好きでした。10歳年上の仲嶌は何事も物知りで尊敬していましたし、些細なことも相談しましたが、結婚してから仲嶌を叩くようになりました。意見が上手く伝えられない時、口論になった時、訳もなく不機嫌になった時、言い負かされて腹が立った時、本気で背中や腕を叩きました。

仲嶌は睨みますが、叩き返すことはありませんでした。私は子どものように甘え依存していましたが、**「おまえは何にもわかってないんだから」**という含みで諭してくる仲嶌には激しく苛立っていました。

3月の結婚式が辛かったです。最初は「どこがいいかなあ」と呑気に思っていて、1人で式場見学しては、パンフレットやドレスを試着した写真を持ち帰りました。

「どこがいいかなあ？」

「俺のお祖母ちゃんは足が悪いから近場がいいし、親戚も多く来るから、俺の親の意見も聞いてみたらなアカンわ」

気持ちが急速に萎んでいきました。「1人で勝手に浮かれて馬鹿やったなあ、式のお金も全部自分で出せないのだから、初めから義父母にお任せしたらよかった」と恥ずかしくなり、途端にどうでもよくなってしまったので、近場の神社で人前式を挙げ、その近くの古びたホテルで親戚だけの食事会を開いてもらいました。

結婚式を挙げると母へ報告すると**「嫁入り道具で持ってきた振袖をあんたに着て欲しい」**と言われ、衣装にこだわりもなく母に反抗ばかりしてきたので「母の振袖を結婚式で着るなんて親孝行っぽくて良いやん」と快諾しました。

ところが、式の2週間前、実家へ行くと**「振袖は貸せない」**と断られました。

「お母さんあれだけ喜んでたやん、今さらなんでなん？」

「お母さんはあんたに神田うのプロデュースの白無垢を着て欲しい」とカタログを差し出してきました。

「もうこんなん間に合わへんよ、振袖貸してよ」

「いや、あかん」

思わず、隣で黙って聞いていた仲嶌の肩に顔を寄せ、泣き出してしまいました。

「なんなんあんた、親の前でそんないやらしいことせんといてくれるか」

結局、泣きながら帰宅しました。主に成人式の振袖を扱っていた衣装屋さんに４万円払いレンタルしました。いよいよ結婚式なんてどうでもよくなっていました。

当日、控室に両親と姉が入ってきました。母は和泉節子のような大仏パーマを当てていました。

ほとんど初対面な夫の親戚たちにひたすら挨拶するだけで、やってみたかったこと、憧れていたことは何ひとつできず、結婚式と食事会が終わると、振袖を着たまま義父母のご近所30軒へ挨拶回りに行きました。義父母家での夕食を頑なに断る母を振袖姿のまま車で実家へ送り届けると、車内で何か言いたそうでしたが、何も言いませんでした。大仏パーマでもじもじする母が私の母であることが残念でした。

結婚式の翌日、夫婦で県内の温泉旅館へ行きました。日帰りでしたが、山奥のひっそりとした宿で建物に趣があり、料理も美味しく、他にお客さんもいなかったので、ようやく2人きりでのんびり幸せに過ごすことができました。

帰りに私の実家へ寄りました。今朝、義父母から進物を預かっていたのと、一応、昨日のお礼を両親に伝えようと思ったからですが、呼び鈴を押しても両親は出てきません。以前から機嫌が悪いと居留守を使うのは知っていたので、めげずに呼び鈴を鳴らし続けると、ようやく母が現れましたが、**「なんの用？　こっちは用ないねん」**と扉を閉めようとします。

私は動揺しましたが、扉に身体を割り込ませると居間へ逃げたので、自室で狸寝入りしている父を揺り起こしました。

「ちょっと、お母さんなんなんあれ、なんかあったん？　娘の結婚式の翌日に狸寝入りっておかしいんちゃうの？」

父を詰問すると、ようやく小さい声で**「お母さんは昨日帰ってきてからずっとおまえらからの引き出物がないって怒ってるんや、夜叫んでたぞ、だからもう帰りなさい」**と教えてくれました。

昨日の車中で母がもじもじしていたことに合点がいきました。母は**「親に引き出物ないの?」**と言いたかったのです。私は「くだらない、実にくだらない」と思い、進物を置いて帰ろうとすると、居間から母が現れ、**「今さらそんなん遅いんじゃあ、ドアホが」**と叫んで消えました。

私は泣いてしまいました。自分の落ち度と仕打ちが見合ってない気がして涙が止まらず、車で待っていた仲篤に話しました。

「確かに引き出物準備してなかった俺らも悪かったな。でも、両家の親は親戚を招待する立場やから要らんと思ってんけどな、次の休みに贈り物買いに行こか」

仲篤の助言に従い、翌週、父にこっそり贈り物を渡しました。

成人後、1回目の逮捕

妊娠後も、以前と同じように仕事をしていました。早出・残業の毎日でしたが、産休ぎりぎりまで働き、育休を1年弱もらったら復職する予定でした。

妊娠6か月で結婚記念日の11月22日に緊急逮捕されました。

会社へ出勤したものの、午前10時前に体調不良で早退し、途中のショッピングモールで子どもの名付け本とブーツ2足を万引きしました。明日、結婚1周年祝いでハーバーランド・神戸モザイクへの小旅行を計画していて、ブーツが欲しかったのです。

エスカレーターに乗ると、背後にいる保安員のおばちゃんに気づきました。そのまま駆け上がって車へ飛び乗り、急発進で逃げましたが、おばちゃんが後部座席のドアノブにしがみついているのに気づかず逃走したので、怪我を負わせてしまいました。

さらにアパートへ戻る道中、シートベルト未装着で警察の検問に引っかかり、警察官の制止を無視して逃走しました。

「これはやばいやばいやばいやばい」

運転しながら仲嶌に電話し、事の次第を説明しました。

「おまえはすぐに○○警察署に自首しに行きなさい。俺もすぐにそっち向かうから。家に帰ったらあかんで。すぐにそのままの足で警察行くんやで、わかったか」

仲嶌の指示通り、警察署へ出頭しました。

数人の刑事に〈引き当て（万引き現場など数か所の指差し写真撮影）〉でショッピングモールへ連行されると、駐車場の覆面車の中で**「○時○分、強盗の罪で緊急逮捕します」**と言われ、手錠を嵌められました。

調書作成や身体検査を経て、以前と同じく夜中に女子留置所へ移送されました。


この頃になると、仲嶌と一緒にいる時も万引きしていました。ディズニーリゾートでもＵＳＪでも、仲嶌が目を離すたびに盗んでいました。「1人で見たい店あるから、ちょっとだけ別行動させて」とねだっては、わざわざ万引きをしていました。

同時に「どうして自分が万引きをやめられないのか」と、ようやく自己分析するようになりました。学生時代、一緒に万引きしていた同級生たちはとうに万引きをやめていたからです。

若い頃に万引きしていた人は、結構いるのではないかと思います。そういう人も成長するにつれ**「万引きなんてするもんじゃない」**という意識を体得します。いえ、補導されて懲りたり、就職して自分でお金が稼げるようになったり、結婚して家庭を持ったりするうちに、特に意識もせず、自然に止めてしまうのだと思います。

しかし、私は20歳を過ぎても、1人だけ〈万引き期〉の真っ只中にいて、年齢を重ねるにつれ、より巧妙で悪質になっていました。頻度も回数も手口も。

私はすべてにおいて「損をしている」気がしていました。誰かよりも、あの子よりも損をしている。いつも自分ばっかり損をしている。親があんなんで損をしている。あれもこれも買ってもらえなかった。お金を出してもらえなかった。何もかも自分で工面しなければいけなかった。損をしているから取り戻したい。1万円の物を盗んだら、1万円の「損」が「得」に変わる。そう思っていました。「こんなに損しているんだから万引きしてもいいやん」という気持ちがありました。

でも、盗んでも盗んでも「得」の看板につかの間裏返るだけで「損」自体の量は減りません。目減りの予感がまったくありません。満足で清算されることがありません。借金の利子だけを払い続けているような感覚です。もどかしくてさらに万引きをするしかありませんでした。


「強盗罪は初犯でも最低懲役3年の求刑だから、実刑の可能性もある」


「え、万引きやん」

弁護士さんの接見で頭が真っ白になりました。「窃盗罪+道路交通法違反」で起訴されるよう主張しないと、実刑覚悟になると言われ、身震いしました。

20日間の拘留生活では、女刑事と激しく口論しました。検事調書で保安員のおばちゃんは**「捕まえなければいけないと思い、走り出している車のノブを離さず併走して追いかけてしまった、危険だった」**と述べましたが、「おばちゃんが車外に立っていることは知っていたけれど、車内の音楽が大音量で声は聞こえなかったし、ひたすら早く逃げたくて前だけを見ていたので、車のノブを持っていたことは知らなかった」という私の主張が採用され、窃盗罪＋道路交通法違反で起訴されました。

留置所担当の婦警さんから起訴状を見せられ、思わず「（窃盗で）起訴してもらえてよかった」と呟くと**「起訴されてよかったなんて言ってる人、あんたが初めてや」**と失笑されました。初日から**「また来たんかあー」**と言われ、謎にフレンドリーでしたが、婦警さんたちには人生相談をたくさん聞いていただいて感謝しています。

起訴後はすぐに保釈されました。

警察署を出て仲嶌の迎えを待つ間、近くのモールの無印良品で食料品を万引きし、雑貨屋でピアスや指輪やネックレスを万引きしました。「20日間も万引きできなかったから損を取り戻さなくては」と焦っていたのです。

1日1万円、20日で20万円。一刻も早く20万円分盗まないと私の存在意義がなくなってしまう、早く盗んで埋め合わせしないと私が私でいられなくなってしまう。

「また損の量が増えちゃう、また損が増えちゃう、やだやだむりむり耐えられない」

一方で、留置所では360円のシャンプーすら買わず、石鹸で洗髪して怖い婦長さんに説教されていました。隅々まで万引き生活だったので、買うことに恐怖感を抱いていたのです。

仕事を休んで迎えに来てくれた仲嶌とスターバックスでコーヒーを飲み、義父母に謝罪の土下座をして、夜はスシローへお寿司を食べに行きました。

なぜ必要なのか分かりませんが、刑事が会社の私用ロッカーを写真撮影したらしく、逮捕がバレました。強盗罪での逮捕でしたが、妊婦だったことが考慮され、新聞には載りませんでした。狭い田舎なのでほっとしましたが、会社は重責解雇（懲戒免職）になりました。

大量に万引きした手土産のおかきを持参し、大きくなったお腹をアピールしながら会社へ荷物を取りに行くと**「帰ってこられてよかったな、おまえは妊婦やのに痩せすぎてるから過食症とか拒食症ちゃうか？　精神科行った方がいいぞ」**と元上司にアドバイスされました。

懲役2年、執行猶予4年の判決でした。弁護士さんは**「初犯の窃盗の割には重い判**

決」と言いましたが、執行猶予さえ付けば、後はどうでもよいと思っていました。仲嶌が情状証人に立ち、両親にも公判に来るよう言ってくれたので、全身黒ずくめマスク姿の父と母がそれぞれ離れた席に座っていました。他に傍聴人がいなかったのでよく分かりました。父も母も私に話しかけることなく、別々に途中退席しました。

裁判の被告人質問では、緊張と反省の気持ちが相まって号泣しましたが、裁判官はしゃくりあげながら謝罪の弁をたらたらと述べる被告人の顔を冷静に見ていました。

妊娠9か月に入っていましたが、それでも私は万引きを止めませんでした。「赤ちゃんを産んだら子育てで外出できなくなるから今のうちにたくさん万引きして貯めておかなくては」と思っていました。

万引きのし過ぎでストック依存症になっていたのです。

いわゆる〈溜め込み症候群〉でした。

ストック依存症

サラン ラップの予備数を1と決めていたとします。家にある実数は使用中の物も含めて2です。

普通は「使用中の〈1〉がなくなってきても、予備の〈2〉があるから安心」と考えるのですが、ストック依存症だと「予備の〈2〉がもうすぐ使用中になるから、その予備がいるな、予備がないと不安になるのが嫌だから、これからは予備数を3にしよう」となるのです。そして、予備〈3〉の定位置を決めても、1つでも消費して棚に隙間ができると不安になり、「不安になるのが嫌だから、次からは予備数5にしよう」という思考回路になっていくのです。

家中の棚や納戸、クローゼットが大量の盗品で溢れ返っていました。絶対に使わないと分かっていても止められませんでした。新品のヤカンが4つ、包丁が10本、タオルは100本近く、ストッキングの同じ色が20足、下着も60セットはありました。

仲蔦は知っていました。知っているけどどうしていいかわからないので、気づかないふりをしてくれていました。それが優しいのかどうかは今でもわかりません。

私が妊娠してすぐに**「アパートの家賃払い続けるよりも家を建てよう」**という話が持ち上がり、義父母の畑の横に土地を購入し、マイホーム計画が進んでいました。

家を建てるには、決めることと選ぶことがたくさんありました。

保釈後、義父母は仲蔦に**「ほんまに家建ててもいいんか?」**と尋ねたそうです。既に土地は畑から宅地改良され、ハウスメーカーとも契約し、基礎もしっかり固まっていました。仲蔦は**「大丈夫、今さら止めたらあかんやろ」**と話してくれたそうです。

自分のせいでマイホーム計画が頓挫しかけていたことに激しく動揺し、申し訳なくて胸が詰まりました。止められない万引きのせいで失ってしまうたくさんのことを受け入れるのが怖くて、よりマイホームに執心するようになりました。

義姉が精神医療センターへの通院を勧めてくれました。行きたくなかったですが、言える立場でもなく、周囲が安心してくれるのなら、と行くことになりました。

「やめようと思えばいつでも止められるけれど、今は止めたくないからしてるだけなのに〈精神〉なんて大袈裟な、病人でもないのに格好悪い」

内心そう思っていたので、仲嶌と訪れた待合室のソファーで1時間近く寝ていました。ケースワーカーの女性が隣に座り、話しかけてくれてもしばらく寝ていました。

個室に入って問診されてもふてぶてしく答え、始終イライラしていました。

「万引きがやめられないのはなんでやと思いますか？」

「意思が弱いからだと思います」

「違います、衝動をコントロールできなくなっているので、意思は無関係です」

院長の言葉は印象に残りましたが、納得はできませんでした。

義姉の夫はギャンブル依存症でパチスロが止められず、消費者金融で借金を重ねていましたが、夫婦一緒にカウンセリングを受けて気持ちが落ち着き、勧められた自助グループに通うことで、症状もなくなったらしいです。

「やめたくないからやめないだけでやめようとしたらいつでもやめられるの、ちっともおかしいところなんてないのになんでわかってくれへんの」

まったく懲りていない私は、妊婦の無職になったので、以前にも増して大量に万引きしていました。仲嶌は気づいていました。私が入浴していると部屋の棚を次々と開けていく音がして、車の後部座席に積んである盗品を覗いていました。

「万引きしてるやろ?」

訊かれるたびに逆ギレして白々しい嘘を重ねました。万引きした高級な肉はタッパーを捨て、わざとぞんざいにラップで包み直し、冷凍庫で保管していました。

靴箱は新品の靴でぎゅうぎゅうでした。**「こんなにどうしたん?」**と訊かれてもとぼけていましたが、私の拘留中に刑事が来た時、何処かへ隠していたので、仲嶌は知っていました。**妻の万引きは知っているけど、どうしていいかわからなかったし、できる限りのことはしている、仕事も毎日遅くまで頑張っているし、子育てもしているし、行きたい場所にも連れていってやっている、不自由のない暮らしをさせてやっているのに、どうしてこいつはやめられないんだ、贅沢病だ、あれもこれも欲しがってそれでも欲しい欲しいと騒いでいる、どうしておまえは万引きなんかがやめられないんだ、親が悪いと誰かのせいにばっかりして生きているから、未熟だからそんなこと**

ばっかりしてるんだろう、俺はわかっている、おまえのことはわかっている、おまえの両親も不安定なおまえを支えてあげろと言っていた、10歳も年下で世間知らずのおまえに教えてあげろと言っていた、それなのにどうしておまえは万引きなんかがやめられないんだ、中2病やな、思春期を引きずってるんやな、いつまでたっても甘えてるだけなんやろ、おまえの考えてることぐらいわかってるんやから、しょーもないことやめて育児しっかりしてくれよ、手間かけてくれるなよ。

万引きと出産

判決の3週間後、平成23年3月22日、朝からショッピングモールへ万引きに出かけました。午前10時の開店時刻とほぼ同時に。

平日の開店直後は駐車場もまばらで、入口近くに車を停められます。店内のお客さんも店員さんも少なく、万引きには最適の時間帯です。1枚7千円の高価なTシャツやデニムパンツを盗み、違う店で星柄のカーディガンを盗み、店外へ出ようとしたら、先の店から追尾し、出入口で待ち構えていた店員のお姉さんに**「ちょっといいですか」**と声を掛けられました。

お姉さんに従い、5メートルほど歩いてから、猛ダッシュで走りました。臨月でした。車に乗り込むまで250mほど全力疾走しました。

途中で靴が脱げ、靴下で走りました。追いついたお姉さんがカバンの把手を掴んだので、放って逃げました。

途中で制服警備員さんを見つけたお姉さんが**「あの泥棒、一緒に追いかけて!」**と叫んだので、2人に追いかけられましたが、エンジンかけっぱなしにしていた車へ乗り込み、急発進で逃走しました。

帰宅したのは午前11時過ぎでしたが、怖くて心臓がガタガタしていました。営業職の仲嶌は12時頃に昼食で帰ってきます。「いつ警察が来るのだろう」と怯えつつ昼食の支度を始めると仲嶌が帰ってきて、平然と世間話をして送り出すとまた不安になりました。ベッドへ横になると臨月の疾走で両足の付け根が攣ったように痛く、眠ることもできずに午後を過ごしました。

午後9時頃、ようやく「もしかして陣痛かな」と考え始め、仲嶌が帰宅したので「なんか午後からずっとお腹が痛いから陣痛かもしれへん」と伝えると、産院に電話してくれました。

「病院の夕食は終わってるから、なんか食べてから来たほうがいいって言われたで」言葉に従い、カップヌードルのカレー味を食べつつも「今、警察来たらどうしよう、さっさと家から出てしまいたいな」と焦りました。仲嶌に私の車を運転してもらい、産院へ向かったのは夜10時半でした。

到着してすぐ、分娩用の服へ着替えると「痛くなったら呼んでください」と言われ、仲嶌も**「明日仕事やから帰るわ」**と消え、身動きの取れなくなった私は、不定期に訪れる微弱な陣痛に「この痛みで出産できたら余裕やな、痛みに強い女でよかった」などと余裕をかましながらも「警察は来ませんように」と願いつつ、1人で朝を迎えました。朝食は食べる気がせず、陣痛モニターを見ながらぼんやりとしていると、病室にお義母さんがやってきました。

仲嶌には「絶対に立ち会い出産はしないでほしい、集中できひんから1人で産ませてほしい」と何度も主張していたのに、謙遜していると思われたのか、1人ではかわいそうと思ったのか、そのまま立ち会うことになりました。「痛たたた」と言いにくい数時間が始まりました。

お義母さんのことは好きです。すごくいい方です。優しくて親切です。ただ1人で黙々と出産したかったのです。新米妻なりにすごく気を使って接していたので、出産ぐらいは誰にも気を遣わずに産みたかったのです。

「みかん持ってきたけど食べる？」

「あ、食欲ないんで……私のカバンの中に東野圭吾の文庫本入ってるんでよかったら読んでください」

「ちょっと助産師さんと話してくるわな」

「あ、ありがとうございます。あ、昼食も気持ち悪くて食べられないんでよかったらお義母さんどうぞ」

「ほんまにいいの。ありがとう、食べるわあ」

甘酸っぱい匂いとお義母さんの食事と本を捲る音に包まれながら、分娩室の時間が過ぎていきます。

夕方、ようやく陣痛が強くなり、お義母さんの前でも「痛たたた」と声を出さずにはいられなくなりました。ナースコールを押すと助産師さんが背中をさすってくれ、肛門にテニスボールを押し当ててくれます。

助産師さんは**「ずっと付き添ってあげてるなんていいお義母さんですね、次からは痛くなったらお義母さんに助けてもらおうかな」**と言い、背中のさすり方とボールの押し当て方をレクチャーしましたが、気合が入りすぎたお義母さんはこれでもかと肛門へボールを押し込んできます。日が落ちてきても破水の兆しはなく、**「陣痛促進剤を使ってみようか」「羊膜を針で刺し人工破水させようか」**と提案されましたが、「もうちょっと頑張らせて下さい」と主張しました。

出産ラッシュの夜で3人の先輩を見送ると焦り、もう見栄も外聞もなく大声で「痛い痛い痛い！」と叫び、なんとか破水しました。嬉々としてナースコールを押し、汗まみれで伝えると、仲嶌が分娩室に駆けつけてくれましたが、二の腕を掴み、必死の形相と小声で「お願いやから、1人にして」と頼みました。**「え、いいの、1人にし**

ていいの」とおろおろするお義母さんの手を引いて2人が姿を消すと、私はようやく股を広げました。

「痛いから切ってー」

「だめよ、若いんだから伸びるんだしがまんがまん」

「痛い痛い痛い無理無理無理」

アロマオイルを穴に塗りたくられ、午後10時15分に女児を産みました。すぐに仲蔦とお義母さんが分娩室に入ってきて、カンガルー抱っこをさせられたのですが、あまりの吐き気に「お義母さん、桶……」と訴え、血とカップヌードルカレー味が混じったとんでもなく汚い物を吐きました。

胎盤を食べるのが夢でしたが、禁止されているらしく、寄付の署名をして個室へ移るとお義母さんが帰宅しました。仲蔦は朝まで側にいてくれましたが、仕事へ行く彼を見送ると、今度は両親です。ノックもなく現れた2人は勝手に娘の写真を撮りまくり、入院バッグまで開け始めます。

結婚式の騒動以降、両親とは疎遠でしたし、会いたくありませんでした。「お願いやから帰って」と叫ぶと、怪訝な顔で立ち去りました。

「連絡しないでって言ったやん、あれだけ言ったやん、1人がいいって言ったやん、なんでわかってくれへんの」

湧き上がる逮捕への恐怖と周囲への苛立ちで、不在の仲嶌に腹を立てた私は、産院でも万引きをたくさんしました。食事で出された箸置き、備品のティッシュカバー、売店の子ども服や靴やおもちゃをオーバーサイズだったパジャマへ隠し、大量に何回も盗みました。病室に刑事が来る恐怖よりも「盗まないとやってられない」怒りが渦巻いていました。

仕事を終えた仲嶌に拗ねて「お義母さんや両親が嬉しくないサプライズで登場して嫌だった」と言いましたが**「こういう時に連絡せんかったら失礼やし、用事があったのに断って横にいてくれたオカア**（義母）**には感謝したれよ」**と説教されました。

母乳が上手くあげられず、黄疸治療で紫外線室へ入る娘を見た仲嶌が**「かわいそうだ」**と嘆き、母親失格だと悲しくなったこと、痛い母乳マッサージを受けて母乳があげられるようになったこと、娘がお腹いっぱいになっても母乳がすごい勢いで生産されて嬉しいこと、実はすぐにでも逮捕されそうなこと、実は今日も万引きしたこと、言いたいことはたくさんあるのに、何ひとつ言えないまま退院日を迎えました。

義父母の家に行き、義祖母に娘を見てもらいました。

「可愛い子やな、大事にしなさいよ」

でも、アパートへ帰ると、いつ逮捕されてもおかしくない恐怖で住んでいることが怖くなり、逃げ出したくなりました。母乳をあげて娘を寝かしつけると1人で不動産屋や役場に行き、母子家庭の生活を相談しました。仲蔦と離婚して今すぐ娘と2人でどこかに行きたかった。役場や不動産屋の人は皆冷たく、**「何言ってるんだ、こいつ」**という表情を隠さない正しい対応でした。その道中でも万引きしました。私が「損している」感覚は多少の万引きでは抑えられないレベルに達していました。

娘はすやすや寝てくれている日もあれば、ギャン泣きする日もありました。相変わらず昼食には仲蔦が帰宅し、夕方にはお義母さんが娘の顔を見に来ます。

夜、離婚したいと訴える私を仲蔦は鼻で笑います。産後すぐにＳＥＸしたいと求められましたが、とてもそんな気分にはなれませんでした。

娘は2時間おきに寝て起きて泣いてを繰り返すので、眠れなくなりました。毎日、洗面台にお湯を張り、娘を沐浴させました。全身が洗面台に入るほど小さな身体の娘は可愛くて、沐浴しながら語りかけたり歌ったりする時間が癒しでした。

生後1か月、完成したマイホームへ引っ越しましたが、逮捕の恐怖で生きているのが嫌になり、毎日、首吊り未遂をするようになりました。それなのに娘を置いて万引きへ行き、娘のおむつとミルクを盗みました。死にたくて消えたいのに、痛くて怖いのは耐えられず、とりあえず毎日万引きしていました。悩んでいても「あ、食料品盗みに行かないと冷蔵庫空っぽだなあ」と気づいてしまうと、万引きのことしか考えられなくなるのです。

娘の泣き声を聞いて慌てた義母が合鍵で家に入り、娘にミルクをあげてくれたこともあります。さすがに怒られ、娘を置いて万引きへ行くことはなくなりましたが、狂ったように掃除をしては食事の手を抜くので、仲嶌は困惑していました。

実刑判決と離婚

娘の生後3か月、6月13日、ようやく逮捕されました。

事件後すぐに犯人だと特定されていましたが、娘が3か月になるまでは待とう、という判断だったらしいです。早朝に刑事6、7人が自宅へ来て、いよいよ本格的な自殺を図りました。トイレで右手首を3か所切りましたが、15針縫っただけでした。無残でした。悲惨でした。自業自得でした。

病院で処置された後、車中で逮捕状を見せられ、そのまま警察署へ連行されました。夜中まで取り調べのお決まりコースでしたが、いつもと違ったのは昼頃、前回の担当弁護士さんが接見へ駆けつけてくれたことです。仲嶌がすぐ連絡してくれたそうで、「死にたい死にたい」しか考えられない頭でも、弁護士さんの顔を見るとほっとしました。

「もう1回執行猶予がもらえるように頑張りましょう」

泣いてしまうくらい嬉しかったです。夜遅くにいつもの留置所へ移送され、**「また来たのー！」「この間は〈10番さん〉やったけど、今回は〈8番さん〉やからねー、間違えたらあかんよー」**と言われました。

留置所では「一刻も早く保釈してもらって外で自殺を完遂したい」とばかり思っていましたが、取り調べでは、耳にピアスの拡張穴が残っている若い男性刑事から〈やんちゃして離婚もしたけど再婚で一念発起して刑事になった美談〉を聞かせてもらいました。乳腺炎になってしまったので、特別に週2回の入浴で婦警さんが乳を揉んで、古く硬くなった母乳を絞り出してくれました。

20日後の起訴を経て、保釈されました。保釈金は仲嶌が**「妻が万引きを止められないのは両親であるあなたたちのせいでもある」**と談判してくれたので、両親が出しました。警察署に仲嶌が迎えに来て、帰り道、**「なんか飲み物でも飲むか？」**と近くのコンビニへ寄りました。仲嶌がトイレに行く間に化粧品を万引きしました。

拘留中、娘は両親の元に預けられていました。仲嶌は仕事があり、義父母も忙しかったので、私の母が面倒を見ていました。父はまだ働いていました。

帰宅後、仲嶌は仕事に出かけました。営業職は時間の融通がつけやすいようです。実家に車で娘を迎えに行くと、母に抱きしめられました。**「1人で子育て大変やったやろ」**と泣きましたが、久しぶりに嗅いだ体臭が気持ち悪くて苛立ちました。適当に礼を言いましたが、20日間ミルクオンリーだった娘は母乳を飲まなくなりました。

「日中、娘の様子を聞こうと思っておまえの実家に電話しても誰も出えへんし、何回も電話してやっと繋がったと思ったらお義母さんが〈買い物行ってました〉って普通に言うことがあったし、ちゃんと面倒見てたんかな」

仲嶌はそう言いました。

「泣いたらとりあえずミルクあげてたって言ってたし、慣れてしまったんやろな」

己の状況は棚に上げ、母を憎く思いました。助産師さんと母乳マッサージをしたり、薬草の高いお茶を購入して飲んだりもしましたが、娘が再び母乳を飲んでくれることはありませんでした。ミルクより母乳を好んでいた時期もあったので、3か月で母乳が終わってしまったことが悲しかったです。

保釈から裁判までの間、本格的に精神医療センターへ通院するようになり、月に2

回ほど通院しました。執行猶予中に執行猶予を重ねるのはすごく難しく、アリバイ作りの通院でした。仲嶌や義父母にはしおらしく報告しましたが、道中でも万引きしていました。高速道路経由で通院していましたが、普段行くことのないスーパーやショッピングモールで盗めることが、先生との面談よりも楽しみでした。車に大量の盗品を積んだまま、先生に「最近は万引きしていません」と語る私は悪魔でした。

どんな時に万引きしたくなるのか、感情の起伏は何がきっかけで起こるのか、24時間をグラフに整理しましたが、楽しい日も悲しい日も娘を預けられる日も預けられない日も逮捕されても保釈されても、私は毎日万引きしていました。

大袈裟ではなく、万引きをしない人生なんて、万引きをしない自分の姿なんて考えられませんでした。私から特技の万引きを取り上げたら何の取柄もない魅力のない空っぽな人間で、日々万引きをして不足分を補わなければいけないと必死でした。逮捕のたびに職を失い、信頼を失い、白い目で見られる私を補ってくれるのは万引きだけでしたが、いつも「内偵が入っている」ような気がして、運転中もバックミラーばかり確認するようになりました。

家中に膨大な物がストックされましたが、心は落ち着かず「死にたい」と「万引きしたい」がぐるぐると渦巻いていました。仲嶌も気づいていたと思います。一緒にいる時は家族3人、笑顔で遊んでいましたが。

公判でまたしても泣きました。だらだらと述べる反省の弁に酔って涙が止まりませんでした。犯罪者は自分なのに「万引き止められない私ってかわいそう」「小さい娘がいるのに離れ離れにさせないで」と被害者ぶって、止める意思も努力もないくせに「実刑だけは嫌なんです。もう1回だけチャンスを下さい」と懇願しました。

翌月、懲役10か月の実刑判決が下りました。

裁判が終わった後、仲嶌と傍聴人席で待っていると検察庁の人たちに別室へ連れて行かれ、手錠と腰縄を巻かれ、初めての拘置所へ移送されました。狭くて汚い3畳の檻の中、薄くて臭い布団でひたすら眠っていましたが、**「保釈やで、準備しなさい」**という声で起こされました。午後6時頃でした。

実刑判決の後でも、ひとまず保釈されたことが嬉しかったです。追加で保釈金を両親が納めてくれたようでした。

拘置所を出て、仲嶌へ電話しました。**「迎えに行けへんから自分で帰ってきて」**と言われ、虚しくバスで家へ帰りました。

「娘がまだ小さいから、控訴で時間稼ぎしよう。娘が保育所に入園できるようになってから刑務所に行こう」

「控訴をして執行猶予判決がもらえたらいいんだけどね」

仲嶌と決めましたが、弁護士さんいわく可能性はかなり薄く、精神医療センターで受け取った「神経症」の診断書を提出しました。

「神経症と診断されているあなたには、どんな症状があるのですか？」

裁判官に質問されても、上手く答えられません。「万引きがやめられない、毎日万引きしないと心が落ち着かない」とは答えられません。

再保釈後、センターの院長に勧められ、自助グループに参加しました。月に2回ほど女性専用のアディクションとアダルトチルドレンに参加し、ダルクの講演会にも出席しましたが、雰囲気は好きになれず、〈万引きの虫〉を話すこともできず、両親、娘、仲嶌の話などをしました。「裁判のため、心証のため」とあざとく通っていましたが、2審の高裁でも実刑判決は覆らず、それでも時間稼ぎのために上告しました。

仲蔦とは離婚しました。**「待機児童の多いこの地域で父子家庭だと保育園に入園しやすいし、俺の姓で刑務所に行って欲しくない」**と言われましたが、引き続き3人で住んでいました。

「刑務所に2年10か月（執行猶予2年＋今回の10か月を合算）も行きたくない行きたくない嫌だ嫌だ死にたい死にたい」

夕方になると「今日こそは死ぬんだ」と、居間の階段の手すりに掛けた太い紐で首を吊り、椅子を蹴る寸前で「娘の顔をもう1回見てからにしよう」「カレーを煮込み終わってからにしよう」と未練がましく断念していました。

結局、24歳の5月に収容されました。仲蔦と検察庁へ出頭し、地下に行く専用エレベーターの前で別れました。辛かったです。前夜、**「会えへんくなるからSEXしとこう」**と仲蔦から誘われ、「喪中に比肩する夜に何言ってんだ」と固辞して家の大掃除に勤しんだのですが、「交わっておけばよかったなあ」とさっそく後悔しました。

7 初めての刑務所生活。

23歳〜26歳

女囚生活（1回目）

刑務所へ移送されるまでの1か月間、拘置所で生活しました。

12畳の部屋に4人で、近所の神社のお守りを入れる袋を作ります。作業中は私語厳禁、休憩時間以外に手を休めることも厳禁です。数分に1回は刑務官が見回ります。

万引きで髪ちりちり小太りの元準看護師、風俗法違反で全身整形のおばあさん、会社の金を横領した見た目も普通のお母さん、私の4人で暮らしていましたが、24時間の共同生活は心も身体も窮屈でした。

◇06：30　起床。
点検。４人で正座して並んで「○室！」と言われたら称呼番号「例　１０２４番！」を叫ぶ。

朝食。薄黄色のプラスチック容器に入ったお味噌汁と麦ごはん。ポットのお茶も人数分もらう。小さい食器口から受け取る。髪ちりちりさんは一瞥して自分の分に食事の量が多い食器を選ぶ。

洗面。掃除。洗濯物の受付。書信発信の受付。願箋（申し出用紙）受付。

◇07：30　作業開始。ねずみ色の作業着と白い三角巾を着用。

◇09：00　運動。鳥小屋のような檻の屋上で身体を動かす。30分間。雨天の日は室内体操。
格子の隙間から外の景色をじろじろ眺めては思いを馳せる。

◇09：30　作業開始。週2回の入浴該当日には1人ずつ20分間のお風呂が回ってくる。

◇12：00　昼食。この時間はラジオが流れる。多少の雑談も許される。この時間に新聞が回ってくる。４人で15分間。髪ちりちりさんは自分だけゆっくり読む。

◇12：50　作業開始。

◇15：00　10分休憩。身体を伸ばす。私語禁止。

◇16：15　作業終了。すごく疲れている。お守り袋を二度と見たくないと思う。

◇16：30 点検。夕食。
◇17：00 自由時間。書信交付。手紙が届くのが唯一の楽しみ。ラジオを聞く。本を読む。雑談をする。
◇21：00 消灯。強制就寝。狭い居室内にトイレがあるため、就寝後のトイレ使用作法に髪ちりちりさんが異様にうるさい。水の使い方、ちり紙の置き場所、ドアの開閉方法。音を出さない、静かに歩く、臭いを漏らさない、配慮のオナラ。

土日祝は作業がないので、ひたすら手紙を書くか、ラジオ、読書、雑談のどれかです。髪ちりちりさんだけが累犯（2回目）だったので**「刑務所は怖いところやから、経験者の私がいろいろと教えてあげる」**という先輩面でした。右も左も分からないので最初は新鮮でしたが、実際には役立たずで意地悪でした。先に刑務所へ移送されましたが、後に2回も再会することになります。意地悪さを隠し、したたかに振舞っていた彼女には、私も笑顔と遠慮で接していましたが、最後は馬脚を現し、刺青だらけの姐さんたちに虐められつつ出所されました。

横領お母さんも先に移送され、風俗おばあさんとの生活は平和でした。彼女は新聞に載った自分の事件記事を見せてくれましたが、「へえー」としか言えませんでした。その後、**「出所後また、風俗営業するから一緒に働かないか」**と言われ、ケータイのアドレスを教えられましたが「書いて残しておくと怒られるから覚えておきます」と笑っておきましたが、6月の同じ日、同じ刑務所へ移送されました。

その刑務所は収容開始から数か月で、入所者数も少なく40名ほどでした。単独室と共同室がありましたが、全員単独室でした。綺麗な施設でしたが、緊張と恐怖で脇汗ばかりかいていました。出所する頃には収容人数が200人を超えました。

◇処遇部長　奈美悦子に似ているので、奈美悦子と呼んでいた。優しいけれど怖い。

◇第一統括　トトロのような体型なのでトトロと呼んでいた。非常に優しい。

◇主任　小柄。あだ名なし。主任と普通に呼んでいた。途中で転勤されて残念。

◇部長1　化粧お化け。居室にいる時の態度で何度も怒られた苦い記憶。配食を手伝ってくれる。

◇部長2　姓を呼び捨て。贔屓が激しい部長。私は最後まで嫌われていた。

◇部長3　〇〇先生。完全に見た目が男性。さばさばしていて好きだった。
◇部長以下　刑務官は20歳前後の若くて可愛いお姉ちゃんが多かったが、新米の若い人は「ペー」「ひよこ」と呼ばれている。刑務官同士の縦の圧力と横の仲間意識は受刑者にも伝わってくる。

毎年7月は「社明運動（社会を明るくする運動）」が全国で開催され、刑務所にも余波がやってきます。講堂の壁には近所の小学生が作った標語が掲示され、受刑者にも作文募集を行います。作業後の余暇時間を持て余していたので、応募すると選出され、全受刑者と刑務官と外部の社明委員の前で読むことになりました。

当日、教育の先生が食器口からイヤホンマイクを差し入れてくれ、**「頑張ってね」**と言われたので緊張が高まってきました。講堂最前列のパイプ椅子に腰かけ、朗読しました。途中で自分の作文に感極まって声が詰まると、背後からもすすり泣く声がいくつか聞こえ、涙を堪えながらの発表となりました。

単独室へ帰るとすぐに点検があり、**「点検よーい！」**の声に従い、扉に向かって正座しているとトトロ統括がそっと食器口を開けました。音を立てずに拍手をしながら

「すごくよかったですよ、うん、よかった」と笑顔で頷いて去りました。突然の誉め言葉で張り詰めていた緊張が解け、音を立てずに泣いてしまいました。

万引きが止められない私は、何年も誰からも褒められていなかったので、刑務所の中で褒めてもらえた不意打ちが嬉しかったです。一緒に応募した標語も佳作になり、合わせて景品を受け取りました。石鹸、ボールペン、便箋などでした。所内の物価は外界より高く、万引き暮らしだった私は最低限支給してくれる質素極まりない官物ばかり使っていましたから、景品も嬉しかったです。

社明大会から2週間ほどで工場の班長に任命されました。

◇班長　作業中、割と自由に立ち歩けるし許可もらえば話もできる。

◇運搬係　班長の補佐。班長と同じくらい自由。

◇検品係　立ち歩くことはできないが班長と話ができる機会は多い。

◇ノーマルな人　基本的に作業中は無言で脇見禁止。挙手して班長を呼んでも刑務官が張り付いて会話内に交談がないかチェック。

班内のヒエラルキーはこんな感じでした。**「あなたに運搬係は付けません。人数多いから1人で大変だと思うけど頑張ってください」**と言われましたが、以後の8か月間、班長職をまっとうしました。

でも、振り返ると生意気で嫌味な班長でした。1人で30人近くの作業指導、材料運搬、出入り業者さんとのやり取り、搬入搬出、刑務官への書面提出、さらに配食係も担当したので、朝も夕も忙しく、累犯バリバリの〈累バリ〉で歯のない刺青姐さんたちの無茶振りが嫌で嫌で仕方ありませんでした。

「あたしこの作業嫌やから、〇〇さんのしてるあの作業にこっそり変えてよー」

「この色ばっかり飽きたから、次違う色きたら1番にあたしんとこ回してや」

「あたしはこのやり方がいいねんからほっといてよ」

「明日の朝さつまいもの味噌汁やから、あたしの部屋に具多いのちょうだいや」

姐さんたちは作業中の交談が大変上手く、仲の良い人への伝言を頼んできたりします。私は適当にあしらったり付き合ったりしましたが、困り果てると先生へ相談しました。当然、**「20代の初犯の小娘が刑務官の犬になって偉そうにしやがって」**と陰で激しく悪口を言われました。班長のプライドから自分が正しいと突き通していたので、姐さんたちにも物怖じせず、愛想も悪かったです。

「明日までに○○の作業を仕上げんとあかんな、誰にしてもらったらいいかな」

「今日、○人増えたから材料の振り分けを考えなあかんな」

「最近、倉庫汚れてるから手が空いたらさっと掃除せな次の視察で怒られるな」

毎夜、単独室でテレビを見ながら思案し、悩んでいましたが、独り善がりなむしゃらさが理解されるはずもなく、だんだん班長職を続けるのが辛くなりました。

他の刑務所で行われる半年間の職業訓練に応募し、翌年の4月、移送されました。職業訓練生は私を含め10名で、衣食住24時間を共に過ごします。それぞれ〈1〉~〈10〉までの番号が振られました。

◇〈1〉 電話で詐欺の勧誘をしていたおばさん。ハローワークでその職を見つけたらしい。

◇〈2〉 スーパーで新商品の万引きがやめられないおばちゃん。自称発達障害。

◇〈3〉 万引き拒食症の1。キッチンドリンカー。成績最優秀。トイレで吐きまくっている。

◇〈4〉 総入れ歯のポン中。いつも揺れている。数年後自殺してしまった。

◇〈5〉 万引き拒食症の2。嘘が多い。顔がとても可愛い。弁が立つ。トイレで吐きまくっている。

◇〈6〉 覚醒剤使用&売人。獄中入籍の夫にメロメロ。翌年、娘も覚醒剤で逮捕される。

◇〈7〉 覚醒剤。愛人とのSEXに溺れていた。しっかりした人。先生からの信頼も厚い。

◇〈8〉 私。若い万引き犯。泣き虫。〈2〉さんと仲良くしていた。

◇〈9〉 覚醒剤。元風俗嬢。顔に大きなアザがある。強い者に流されやすい。

◇〈10〉 覚醒剤。しっかりした人。1番仲が悪かった。虐め合っていた。同じ20代。

以上のメンバーでした。つるんだり虐めたり過酷でした。

初めは〈10〉と仲良くしていたのですが〈6〉に**「実は陰口めっちゃ言ってる」**と空気をパンパンに入れられ、嫌いになってしまいました。確かに**「あの子も絶対拒食症やで」「あの子が2類なんて信じられへんわ」**（刑務所内の優遇処置。移送前に班長をしていた私だけが2類だった）」**「ああいう子が実は絶対性格悪いねん」**と言われていたのですが。

◇1類　長期刑で受刑態度が素晴らしくよく、先生からの支持が厚い受刑者に与えられる。
◇2類　役職に就いていたり、刑務所内での資格取得や文芸作品で表彰された人などに与えられる。
◇3類　中の中。受刑期間から半年経過すると大半の人は5類から3類に昇格する。
◇4類　懲罰に行ったり、先生からの評価が悪い人は3類になれない。
◇5類　懲罰の中でも悪質なことをすると貶められる。
◇未指定　新入期間中、半年間は類がもらえない。我慢の半年。類によって、手紙が発信できる数やお菓子が食べられる回数、購入できる物品の種類が違うため、受刑者にとって自分が〇類かは重要。

気弱で不器用で優しいのですが、泣きべそで空気をまったく読めない〈2〉は誰からも嫌われ、特に覚醒剤組の〈7〉〈9〉〈10〉がきつく虐めていました。〈10〉が嫌いな私は、頓珍漢な発言をしては総攻撃を食らう〈2〉を**「めっちゃおもろいやん！よう言うなあ」**と励まし、晴れた日の運動中は2人でバトミントンをしました。**「社会にいるときバトミントンクラブ入ってんて、何年も」**と笑顔で言うわりにはちっとも上手くありませんでしたが、ほのぼのとしたその時間が好きでした。

すったもんだ揉めていた10名は無事、販売士3級の資格を取得しました（販売、接客業に携わる人が所得していると多少優遇される資格です）。

ある日突然、転房袋が入れられ、〈9〉と一緒に元の刑務所へ移送されることになりました。部屋で待機していると、同室だった〈10〉が連絡先まで交換していた〈9〉ではなく、私をじっと見つめていました。**「もう二度と会いたくない」**と互いの目が語り、虐め合いに終止符を打ちました。

狭い場所で狭い心がぶつかり合う、どうしようもなく醜い内戦でした。〈10〉の教科書をこっそり破り、糸切りハサミの蓋をトイレに流したのは私ですが、私が呼び出されて担当に怒られると〈10〉と〈9〉が笑っていました。

それでも、表面上は「仲間だよね」と笑顔で接し、毎日洗顔フォームをあげ、毎日洗剤をもらっていました。2人だけが同世代なので、お互い視界に入ると意識し、互いに比べては蹴落とそうとしました。

社会で出会っていたら友人になれたかも知れません。誰とでも気さくに話す聞き上手で、機転が利いて要領も良く、人間として優秀な彼女への羨望もありました。彼女にしたことは最低だけど、彼女も自分とタイプの違う私を同じように思っていたような気がします。本当にそうだったら嬉しいですが、二度と会いたくはありません。

戻って2週間で運搬係と配食係になり、また忙しくなりました。職業訓練中は「勉強も作業もぱっとしない」レッテルから挙動不審でしたが、以前のように役割を与えられると堂々と行動できるので不思議だな、と思いました。

工場に新しい業者が参入したので、班長になりましたが、私の班長が不満で、大声で絡んでくるおばちゃんがいました。単独室から名前を叫び、**「ぶりっこー!」「出てこーい!」「全部おまえのせいじゃー!」**と扉をガンガン叩いていましたが、作業中にも暴れたので強制的に拘束され、ビデオカメラで撮影されつつ懲罰へ召されました。生還されたおばちゃんは運動時間中に**「班長、今までごめんやで」**と言ってくれましたが、私の笑顔はこれ以上ないくらい引き攣っていました。

〈元〉夫婦の関係

出所後の身元引受人は仲嶌にお願いしました。

仲嶌は忙しい合間を縫って有給休暇を使い、面会に来てくれました。普段は薄桃色の作業着に1つくくりの受刑者丸出しな恰好で面会しますが、お盆休みに面会に来てくれた日は作業がなかったので、長い髪を横結びにして受刑者用の紺のロングワンピースで面会室に現れると**「めっちゃ可愛いな、壇蜜に似てる」**と言われました。嬉しくて、以後数か月、にやにや過ごすことができました。

仲嶌は月1ペースで手紙や本を差し入れてくれましたが、どれも自己啓発本の類で、虫唾が走るような嫌悪感を覚えました。仲嶌には言えないので、同囚たちに相談すると**「めっちゃわかる!」**という声を多く聞きました。受刑者には家族からの配慮溢れる自己啓発の勧めを受け入れ難い複雑な心理があるのです。

刑務所生活は心身がやられます。自由はなく刑務官は怖く作業はきつく週2回の風呂は見張られ人間関係も壮絶です。日々の繰り返しにうんざりします。刑務所へ入る理由は自分自身にありますが、それでも目の前の辛さを乗り越えていくのが苦しい。

そんな生活の癒しは集会でのお菓子、テレビ、読書、雑談ぐらいですが、1番の癒しは家族や恋人の手紙や面会です。

だから、家族や恋人から**「あなたのここが悪い」「性格を直してください」「嫌いな部分があります」「もっと反省してください」**と言われると、潔癖な正しさで息が詰まってしまいます。言い返せないから、自分が悪いと分かっているから、耳が痛くても聞いていますが、**「早く会いたいです」「一緒に美味しいもの食べたいね」「最近こんなことがあって面白かったよ」**と語りかけてもらうと、ストンと胸に落ちる気がします。「もうこの人を悲しませたくないから真面目になって帰りたい」と。

仲嶌は**「今まで俺たちは互いが思っていることを伝えられなかったから手紙で思いを伝え合おう」**と誠実に書いてくれましたが、私は長年の「思っていることを言っても理解してもらえない」ループから抜け出せずにいました。

夫婦生活でも急に押し黙ることがありました。自分の中できちんと理由はありますが、それを伝えると「絶対に怒られる、喧嘩になる、言い負かされる」と思うから、ひたすら黙ってしまうのです。

母と服を買いに行った時の気持ちとよく似ていて、伝えようとも思うのですが、**「過去に振り回されている」**と批評されたくなくて、最後まで黙ったままでした。話しかけられても無視するので仲嶌は怒りますが、「怒った相手が悪い、私は悪くない」という思考回路が完成すると、1人で勝ち誇った気になります。

数時間経つと機嫌が直り、おしゃべり状態に戻ります。癇癪でしたが、仲嶌の怒りが頂点に達すると**「おまえのそういうとこお母さんに似てるな」**と攻撃され、押し黙って長期化することもありました。頭の中は「死にたい死にたい死にたい」とスパークし、口内は真空状態になったように触覚が不鮮明になり、粘ついた唾が少し出ます。

新婚旅行で仲蔦からプレゼントされたGUCCIとChloeのカバンを2階から投げたことがあります。仲蔦は**「あの時のおまえは本当に嫌だった」**と繰り返しましたが、家宝のように壁へ吊るしていたので、それを投げることで不満を表したのです。

偽善者の仮釈放

受刑者のほとんどは1日でも早い仮釈放（刑期満了日以前に刑務所を仮出所して保護観察を受けながら社会生活を送れる）を目指して日々を過ごしています。

身元引受人の申請後、保護観察所の調査（自宅近所の保護司さんの自宅訪問・面接）をクリアすると許可が下り、ようやく仮釈の対象となります。

◇準備面接（じゅんめん）　釈放日の約半年前。
◇書類提出（ぺーパー）　準面のすぐ後。
◇本面接（ほんめん）　釈放日の約3か月前、水曜日の午後に呼び出される。決まった曜日、時間に工場担当先生の電話が鳴るので、「もうすぐ」の人は緊張の時間。

◇仮釈放準備（ひっこみ）　仮釈放日前の2週間、社会生活に向けての教育を受ける。工場へ出業しなくてよいので、基本的にすごく暇。

2年10か月の刑期から8か月の仮釈放をもらいました。本面接の時に**「趣味は何ですか?」**と問われ「読書が好きです」と答えると、当時の朝ドラだった『花子とアン』の話を聞かせてもらいました。

刑務所内でのテレビ視聴時間は限られ、朝ドラの余韻に浸る日々と無縁の生活でしたので、面接官が**「ほんっと面白いんだよー、帰ったら観てごらんよ」**と勧めてくれた時間は「シャバの人と普通の会話久しぶりにしてる!」気がして嬉しかったです。

「近年、再犯者が多いんだけれども、君は社会に戻ってから、どうしたら犯罪をしないで生きていける?」

「やりがい、生きがいを感じられたら、犯罪と無縁の生活を送れると思います」

「やりがい、生きがいってどんな時に感じるの？」

「んー……仕事でも人間関係でも、自分が誰かに必要とされていると感じる時です」

「今までの人生で一番人から必要とされてると感じた時はいつ？」

「大学時代の水商売をしていた時期です」

「それはなんで？」

「大学に行きながら毎晩キャバクラに勤めていたのですが、指名をもらえたりすると成績として数字に現れ、対価でお金ももらえる仕組みってすごくわかりやすくて、自分が必要とされてるんだなって感じることができました」

「これからはどうやってその気持ちを探していくの？」

「私にはこんな場所にいても帰りを待ってくれている人がいて……（泣き始める）それは〈元〉夫や娘なんですけど義父母もすごくいい人で……だから家族はこんな私でも必要としてくれているのだと思います（号泣）。だから二度と裏切ることのないよう自戒の気持ちを忘れずに1日1日を大切に暮らしていきたいです」

私は偽善者でした。裁判の被告人質問と同じでした。社明大会の作文と同じでした。

反省のきれいな言葉はいくつでも並べられ、反省を演じる己に酔えば、いくらでも泣けますが、心の奥では万引きを止められない自分を少しも反省していないのです。「同じ店でやりすぎたから目つけられてたんやな、失敗したわ」「家帰ったら最低でも衣類は万引きしに行かなあかんな」

などと考えていたのですが、面接官は**「そうだね。君にはまだ小さい娘さんもいるんだよね。お母さんしなくちゃいけないじゃない。いいお母さんの背中を見せてあげなくっちゃ」**とエールを送ってくれました。

でも、娘を愛おしく思う気持ちと万引きがしたい気持ちはまったく繋がらない、違う回路でした。比較や連想もせず、それぞれが独立した強い感情でした。

面接官の真っ当なアドバイスに頷いて涙する私は偽善者で、相手が望む反省の言葉をつらつらと吐く〈反省もどき〉でした。販売士3級。簿記2級。危険物取扱者乙種4類。そろばん5級。資格を取得したことを得意顔で語る犯罪者でした。

待ちに待った〈ひっこみ〉期間を迎えると、自由への高鳴る期待と共に疼き出す

〈万引きの虫〉と、盗めば確実に再犯となる不安が同時に現れました。

教育担当の先生が2週間で2回、面接をしてくれました。私はまたしてもずっと泣いていました。加害者なのに被害者の気分でした。

「万引きがやめられる気がまったくしない。こんな気持ちのままで家に帰るくらいならどこかの風俗街にでも行って1からお金を稼いで知らない土地で知らない人に囲まれながらこっそり生きていきたい」

大真面目に相談していました。先生は**「そこまで思っていたなら、どうして〈教育〉の時にもっと話してくれなかったの」**と心配してくれました。

「どうか死なないで」

服役中、窃盗の〈教育〉を受けました。同罪の受刑者を10名程度集め、週に1回約1時間全12回の〈教育〉です。「窃盗」という括りでも、万引き、置き引き、スリ、食い逃げ、車上荒らし、家宅侵入、ブランド店狙い、盗品販売、自販機破壊、など内容は様々で、先生の質問に1人ずつ意見を述べていくのですが、

「夏祭りの屋台で唐揚げ食べてたら食い逃げと言われて納得できない。お兄ちゃんが

警官してるのに融通利かなかった」

「バイト先のロッカーで財布を盗んではクビになり、新しいバイト先でまた同じことをしていました」

「ピッキングしやすい車とやりやすい場所があって……」

と活き活きとにこやかに語る仲間たちに「毎日万引きしていないと居ても立っても居られなくなるんです」「万引きできないと発狂しそうになるくらい苦しいんです」なんて意見は発表できず、「家電とか布団とかも堂々と盗んでました」とにこやかに語っていました。専門的な矯正教育を受けたら、根本的に考えが変わるかもと期待していましたし、仲嶌からも**「教育を受けた後のおまえに会えるのが楽しみだ」**と言われていたのに、成果を報告しにくい12時間になってしまいました。

8 つかの間の帰宅。

26歳

壊れかけの「外」生活

26歳の7月、晴天の日に出所しましたが、心は曇天でした。

荷物を抱えながら駐車場を歩く私を仲嶌が出迎えてくれました。ガラス窓越しではない生身の仲嶌と自由に触れ合えることが幸せで嬉しくて、気分だけは恋するティーンでした。**「どこか行きたいとこあるか?」**と聞かれ、「肉、寿司、ケーキ、揚げ物、アイス、お菓子、マクド……」とふつふつと溢れてきましたが、仲嶌に引かれると思って「高速の一番近いパーキングでタバコだけ吸わせてほしい」とお願いしました。

パーキング内のスタバでキャラメルフラペチーノを飲み、喫煙所でバージニアスリム6ミリを吸い、風に吹かれながら「自由自由自由自由……!」と胸の中で唱えました。

義父母と保護司さんにお土産を買い、仮釈中の遵守事項を確認するため、保護観察所に寄りました。見慣れた街並みの中にも潰れた店や新しい店があり、時の流れを感じつつも、車内ではぎこちなく初々しいカップルのように話していましたが、自宅が近づいてくると緊張し、どんな顔で義父母に会えばいいのか、心がキリキリしました。

夜、土下座で謝罪すると、2人は**「誰よりも何よりも娘のことを一番に考えてやってほしい」**と言葉少なに受け入れてくれ、2年2か月ぶりに娘と再会しました。

娘は3歳になっていました。テーブルの上でおにぎりを頬張る前髪の長い女の子に話しかけようとそっと近づくと後ろから義父母が**「誰でしゅかー？」「わかるかなー？」「覚えてるかなー？」「恥ずかしいでしゅかー？」「おなかいっぱいになりましたかー？」**などと高揚を隠さず話しかけてくれました。はにかんでいた娘に「ひさしぶり、私、わかる？」と尋ねると**「まま？」**と小さな声で聞きました。「せやで、ごめんな」と答えるともじもじとしていました。抱きしめて撫でてあげたかったのですが、後ろから**「よかったでしゅねー？」「うれしいでしゅねー？」「歯磨きしましょっかー？」**と声がして、再会はあっけなく終わってしまいました。

義父母宅から帰宅すると、一刻も早く以前の部屋へ戻したくなり、許容水準になるまで眠れませんでした。コロコロと雑巾とゴミ袋を持ったまま、家族が寝静まっても動き回る私は「なんでこんな汚いねん」と一心不乱に家中を睨んでいました。結局、出所から2晩眠れませんでした。

仲嶌は**「これ以上呆れられない」**という表情を浮かべ、娘は懐いてくれませんでした。私が抱かないと泣き止まず、半べそをかきながら後を追い、胸に顔をうずめて笑っていた子が仲嶌でないと泣き止まず、仲嶌にばかり話しかけます。

どうしていいか分かりませんでした。娘よりも**「離れている期間があっても母子の絆は絶対だからすぐに仲良くなれるよ」**と言ってくれる仲嶌や義父母に申し訳なく、「娘を懐かせることができなくてごめんなさい」「娘との再会を演出してもらったのに期待に応えられなくてごめんなさい」と思っていました。

出所後すぐに中古車を購入し、フルタイムのパート勤めを始めました。せめて外に出て働かないと居場所がなく、田舎なので1人1台車がないと生活できません。

服役前に娘名義の通帳へ移したお金で購入したので「自分で買った」感覚でした

が、仲嶌は**「娘のためのお金を使ってあげた」**と思っていたようで、契約書に判子を押した帰り道、**「おまえ、なんか俺に言うことないの?」**と言われました。

「……ごめんなさい、ありがとう」

交わした会話に「なんでやねんなんでやねん、なんで謝らなあかんねん」と不機嫌になりました。結婚後は**「俺の名義にしといた方が安いし得やから」**という言葉に従い、車も保険も携帯電話もカードもすべて仲嶌の名義を借りていました。

仲嶌は10歳年上だし、何でも知っているから安心していましたが、離婚しても諸々の名義は相変わらず仲嶌のままで「私はずっとこの人の言いなりなんやろうか。そんなんかなわんわ」と反骨心が湧きました。

それでも、私には車が必要でした。

万引きに行きたかったからです。

万引きに対して正しくない使命感までありました。

万引きに行かなければいけない。早く、少しでも早く。

毎朝、仲嶌を見送り、娘を起こし朝ごはんを食べさせ、お義母さんの待つ家へ行きます。父子家庭という前提で保育園に入れたので、私が保育園へ送り届けることはNGでした。仲蔦と話したことはありませんでしたが**「仮釈放期間が満了して無事に刑期を終えたら再婚しようか」**という雰囲気で同居し、午前9時から午後5時半まで仕事をしました。仕事帰りに娘を義父母家に迎えに行き、夕食の支度をしたり娘と先にお風呂に入ったりして仲蔦の帰りを待ちました。

お義母さんが食事を用意してくれている日もありました。仕事を始める前、お義母さんは1人で家にいた私を訪ね、涙を流しながら頭を下げました。

「息子はほんまに優しい子やねん。どうか幸せにしてやってほしい」

額を床にこすりつけるべきは私なのに。

それでも万引きをやめようとは思いませんでした。「万引きしないとやってらんない。損した分の元を取り戻さなくては」と焦り、仕事が終わってから娘を迎えに行くまでの間に毎日万引きしていました。万引き用の大きいカバンを車内に常備し、盗品を詰め込まないと精神が落ち着かず、家に帰れませんでした。

9 4回目の逮捕。

26歳

逮捕（4回目）

案の定、私はまた逮捕されました。出所してから2か月でした。

いつものように仕事帰りにスーパーで食料品を万引きし、ホームセンターでタンス防虫剤、冷蔵庫脱臭剤、娘用のアンパンマンの水筒、網戸の虫除け剤などを万引きして車に乗ろうとしたところ、私服の男性保安員に声を掛けられ、そのまま事務所へ連行されました。私はそれでも反省せず、「どうしたら助かるか、逃げられるか」という保身だけを考えていました。

盗品と身分証の確認が済んだ後、店長から**「被害額が3千円を超えた時はいかなる場合でも警察に届けるという決まりになっている」**と言われました。被害額は約1万

2千円。私は泣きながら震えながら土下座を続けましたが、罪の意識ではなく、保身のための演技でした。

「警察に通報する前に娘をお義母さんに預けているからどうしても電話だけさせて欲しい。スマートフォンは車内に残したままだから取りに行かせて欲しい」

店長から渋々許可をもらい、男性保安員に付き添われながら車内に乗り込むと、急発進してその場から逃走しました。

驚いてドアを開けようとした男性保安員よりもドアロックが一瞬早く、逃走には成功しました。でも、運転免許証や財布を事務所に置いたままなので確実に捕まります。

「死にたい死にたい早く死にたい早く死にたい」

それしか考えられませんでした。車を走らせつつスマートフォンで「自殺　名所」と検索しました。高い所から飛び込みたい、崖から海に飛び込みたい。でも、こんな時に限ってガソリンがありません。財布もありません。遠い場所は無理だと判断して、湖に入水しようと決めました。叔母も従兄も入水自殺で亡くなっていたので、自分もそういう運命なんだと自然に思いました。

湖に向かって車を走らせ、道に迷いつつ山へ入ると、見たことのない工場の敷地内で気が動転しました。「早く死ななくては捕まってしまう」という恐怖で判断力を失い、いつもなら30分で着く距離に2時間近くかかりました。

道中、1回だけ仲嶌に電話し、事態を説明しました。

「死んだらぁかん」

「バイバイ」と言って切り、湖へ到着した私は重りがないと気づきました。車内には万引きした食料品しかなく、ナイロンの買い物バッグに盗品を入れたまま足へ括り付け、ずるずると入水しました。

服も靴も着けたままでしたが、食料品しか入っていないバッグは重りにならず湖面へ浮き上がってきます。でも、おかげで片足が引っ張られ、泳げなくなりました。

口の中に水がたくさん入り、苦しくなりました。時間はかかりそうですが溺れて死ねる気がしてきました。早く死にたい苦しい死にたい苦しい苦しい。苦しい怖い怖い怖い。早く死ねないから今度は怖くなり、苦しむのが嫌だから死にたくない死にたくない。口の中に藻が入り、お気に入りだった靴も水中で脱げ、バタバタともがく間抜けさに嫌気がさし、括り付けたバッグを解きました。食料品が散乱して漂い、散歩か監視か徘徊しているおじさんの懐中電灯が見えました。

発見されたら間抜けすぎて目も当てられません。急いで岸へ泳ぎ、濡れたまま車へ戻りました。スマートフォンは湖に沈みましたが、車の鍵は刺さったままだったので、家へ帰りました。帰り道はちっとも迷いませんでしたが、警察がいると怖いので、濡れた裸足のまま近所の墓場に停め、そろりそろりと裏口に近づくと家の中から仲嶌と義父母と義姉の旦那さんの会話が聴こえました。**「あいつはもういいひんと思って生活していかなしゃあないやろ」**という仲嶌の声に、体育座りで身を潜めていた私は傷つきました。生きてしまって濡れたままの私には傷つく資格もないけれど。

義父母たちは帰りましたが、しばらくすると仲嶌が玄関から出て、私の名を大声で叫んでいました。何度も何度も私の名を叫んでいました。**「あいつはもういいひんと思って……」**のフレーズが頭から離れませんでしたが、仲嶌は私を探していました。その声が遠くなるのを確認してから、自宅へ忍び込みました。身体も冷えていたので、沸かしたままになっていたお風呂に浸かり、口をぶくぶくさせてぼんやり遊んでいたら、仲嶌の大きな足音が聞こえました。浴室の鍵は閉めていたのですが、タックルで入ってきて私の両手首を確認しました。

「どこも切ってないやろな？」

「うん、切ってない」

「ここで溺れようとしてんのか？」

「ううん、口の中でぶくぶくしてただけ」

「ほなそれもやめろ」

「だって寒かったんやもん」

仲嶌は私の身体を抱きしめ、私の名を叫びながら号泣しました。**「あいつはもういいひんと思って……」**と言った仲嶌が私のために泣いてくれ、**「よかった、ほんまよかった」**と頭を撫でられました。

お風呂から上がると「ほら、早く出頭するぞ」と言われましたが、「死にたい死にたい」と呟き、家中をうろうろして首を吊る方法を考えていたので、仲嶌はずっと付いて歩きつつ「こういう時に安定剤あったらいいのにな」とおろおろしていました。

午前4時頃、仲嶌と保護司さんに付き添われ、出頭しました。

警察署ではいつものコースです。長い取り調べに疲れ、机に突っ伏して浅く眠り、手首を掴まれながら指紋採取。出された弁当は食べられず、「被害届取り下げにならんかなあ」という楽観的な妄想と「刑務所絶対行きたくない死にたい」という悲観的な妄想が交互にぐるぐる巡ります。

こんな状況で逮捕されないはずがないのですが、初めて10日間で起訴されました。

◇逮捕　48時間以内に10日間の拘留を裁判所に申請
◇拘留10日　ひたすらに取り調べ
◇拘留10日　さらに取り調べ
◇起訴　起訴から裁判まで約1か月ほど待つ。

前回までの流れはこんな感じでしたが、今回は拘留10日で起訴され、少しだけ嬉しかったです。取り調べはしんどいからです。心がすぐに折れ、あとで調書を見た弁護士さんに**「あちゃー」**と言われています。

弁護士さんに「犯行当時の記憶がないので精神鑑定してもらいたい」と主張し、裁判は長引きましたが、拘置所にいる間に〈余罪受刑者〉として取り消された仮釈8か月間の受刑者生活が始まりました。

長すぎた拘置所生活

1日中鶴を折っていました。

8㎝くらいの正方形の白い紙で鶴を折っていました。

明けても暮れても鶴を折っていました。

ペット葬で棺桶に入れる鶴だそうです。刑務官の先生に「燃えるやん！　すぐ燃えるもん折るとか儚すぎるわ」と嘆くと**「そんなこと言わないの」**と笑われました。

「犯行当時の記憶があまりない」と言い張っていたので、精神安定剤を何種類も処方してもらい1日20錠ほど服用しましたが、生まれて初めて飲んだので精神がより安定しなくなりました。

寝ても寝ても眠たくて意識がいつも朦朧として、食欲がなくなりました。3畳の部屋の壁が中心に向かって押し寄せてくる気がして、足で壁を押し続けていました。胸から喉にかけてイガイガとした塊が蠢いて、どくどくと全身を支配していく気がして「助けて！」と叫びました。

寝返りをまったく打たないので、カイロの火傷と床ずれで背中の肉が削げ、アザになりました。格子窓からの侵入者が怖くて寝たふりを続ける妄想に囚われ、真剣に怯えていました。初めての精神鑑定のために初めて精神安定剤を飲んだら初めて精神が崩壊したのです。

嫌いな刑務官には〈不服申し立て〉ばかりしていました。水道の蛇口で衣類を使って首を吊り、悶えているところを何度も見つかっては衣類を没収されました。

様子を見かねた男性統括が週に1回ほど面接してくれるようになりました。なんてことない世間話をしてもらえるだけで気が楽になりましたが、話が2時間以上になり途中でトイレに行きたいとも言えず、帰りの廊下で半分くらい出してしまい股を押さえながら歩いたこともありました。あと、西本願寺派の個人教誨を申し込み、月に1回面接してもらいました。がまがえるみたいな顔をしたおじいさんで、いつも手を揉んでいました。「瀬戸内寂聴さんみたくなりたいんです！」と力説すると出家のイロハを教えてくれました。

逮捕されてから死にたい気持ちばかりで悔しかった。

死にたいと同じくらい悔しかった。

みんなみたいに普通に生きられないことが悔しかった。「損している」ことが納得できなくて万引きで埋め合わせしていたけど、やっぱり損してるやん、万引きして損してるやんと思うと悔しかった。独りの3畳間で考え続けることは精神を消耗するので、最後はいつも「あーあ、死にたいわ」で終わっていく。

いろいろあった28年間の人生を振り返っても1番辛かったのは、独りで拘置所の壁を見つめていた26歳の1年間で、今でもノートに小さい字でびっちり文字を書き綴っていた自分をふと思い出す。

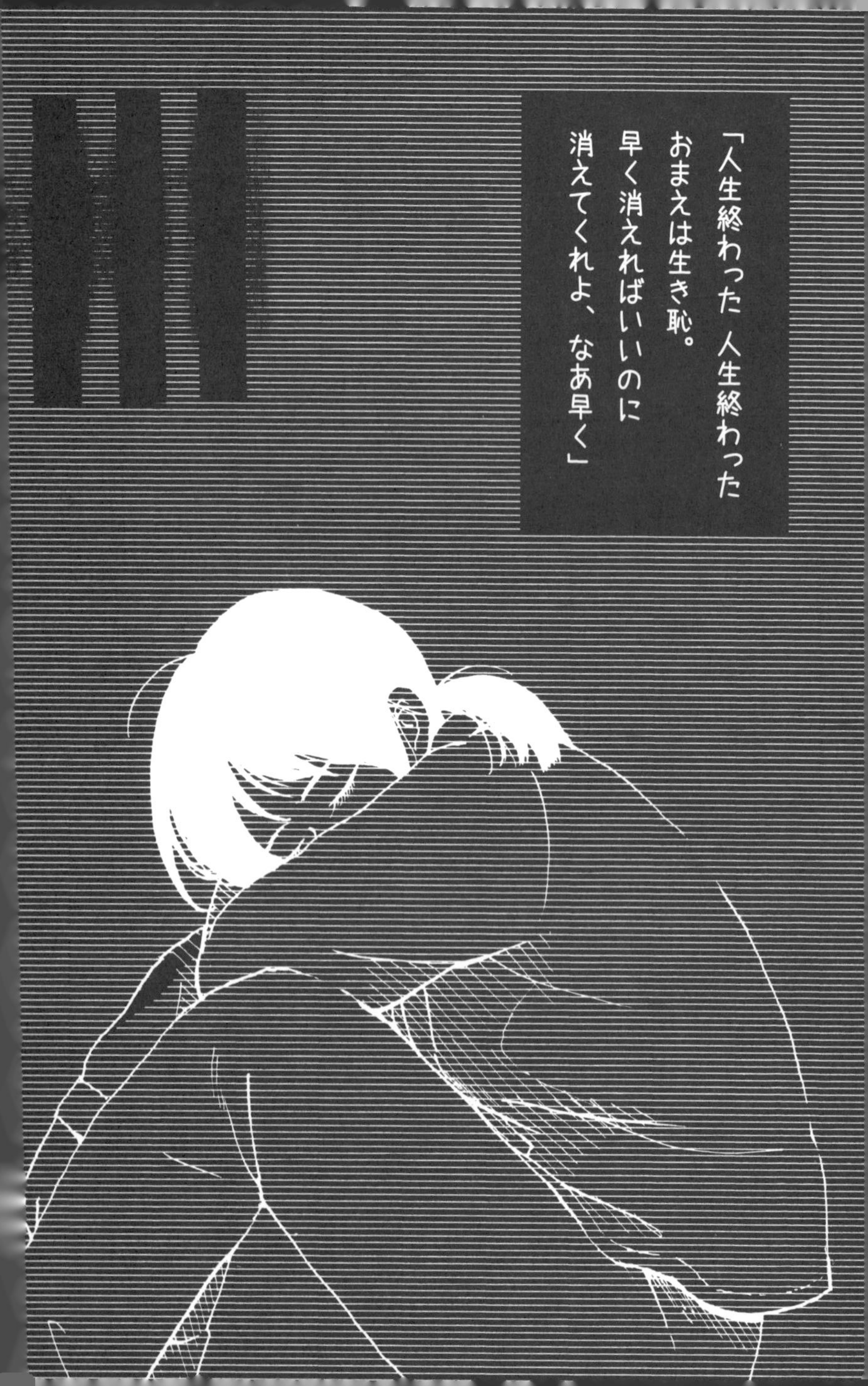
「人生終わった 人生終わった
おまえは生き恥。
早く消えればいいのに
消えてくれよ、 なあ早く」

この苦しさから「ほんまに万引きやめよう」と考えるようになった。悩むことがあっても「あんときより全然ましやん」「今、悪くない！　へっちゃら」と思えるようになった。「死ねないんやったら、まだ生きるんやったら、せめてもう絶対万引きはしたらあかん」という理屈がすこんと腑に落ちた。

時間稼ぎの精神鑑定争いはもちろん敗北し、精神安定剤を徐々に減らす副作用で頭痛と就寝前の動悸が残りました。「先生……屯用ちょうだい」と食器口から虚しく懇願しながら減薬しました。鶴折りは1日200羽作れるようになり、私の折り上げた血と汗が滲む鶴に乗って犬さんや猫さんが昇っていったのだと感慨深く思うようになりました。たまに**「これ雑」**と返されると「3畳部屋で200羽折ってみーや」と腹が立ちましたが、鶴職人として寡黙に謝り、作業に励みました。

余罪受刑者期間を拘置所内で満了し、少しだけ未決被告人期間に入りました。未決はお菓子が買えるので、9か月ぶりのお菓子を2週間ほど満喫し、ジャムぱん、メロンぱん、かりんとう、板チョコ、リッツ、かっぱえびせん、ポテトチップスを食べまくった。甘いパンは苦手でしたが、拘禁中に食べると骨身に染みる甘さでした。

そんな未決期間も懲役1年2か月確定で終了し、再び惰性の鶴職人生活です。でも、拘置所の1年を思えば、これからの1年はあっという間な気がしていました。

そして、27歳の夏に刑務所へ移送されました。

10 刑務所生活、再び。

27歳〜28歳

女囚生活（2回目）

以前とは違う刑務所へ移送されたので、胸を撫で下ろしました。「短期間で戻ってきちゃった人」は刑務官からも受刑者からも嘲笑われます。しかし、前刑で職業訓練を受けた刑務所ですから、熱量が低いだけで洗礼は受けると覚悟していました。

2週間の新入教育期間を終えると、〈審査会〉で大変な目に遭います。処遇部長がすごく怖くて本当に閻魔様みたいでした。すべての会話が怒気を孕み、キャンキャン声で回答の矛盾を責め立て、叫ぶのです。

「なめとんのかー！」

「すごい神経しとんのー！」

「無人島でも行ってこいー！」

8割の人が辛辣に責められ、2割ほどの人は無傷で帰還していました。なので、逆鱗に触れないように細心の注意を払いつつ質問に答えていたら、閻魔様の声のトーンが普通だったので、泣きながらも「あ、いけるかも」と油断しました。

「自分、身元引受人どうすんの？」

「母に頼みます」

「〈元〉夫はあかんの？」

「今回は俺から離れて親と生活して欲しい、と言われました」

「お母さんはなんて言ってんの？」

「できる限り援助する、と言ってくれています」

「へっええええ!! あんた最低やなあ、そりゃあしゃあないわなあ、まあ最低なことっ!!」と怒鳴られ、めそめそしながら退出しました。

ホイップクリームを入れる三角袋折りの作業を約8か月。

オーバーミシンで軍手の手首部分を縫う作業を約3か月。

今回は拘置所での素行不良と体重減少で、班長や係に選ばれることはありませんでした。嫌いな職員さんに対して連日「不服申立」の書類を出していた私が悪いのですが、月に1回、パンツ1枚の体重測定で刑務官たちに蔑まれ、裸をじろじろ見られるのが嫌でした。

正月は作業がお休みで、ひたすら部屋の中で食べるか寝るか手紙を書くか、あとはテレビを観ていました。健康的な刑務所ごはんなので、元旦は『TVチャンピオン』の大食い選手権を食い入るように眺めてしまいました。フライドチキンや抹茶ケーキやサラダ麺や串刺し肉を制限時間内にこれでもかと食らいつくす姿に唾をごくごく飲みました。『サンデージャポン』『せやねん！』などのワイドショーや、日曜の夜だけ放送される映画（録画）を観るのも好きでした。今は時折、DVDを借りて観ますが、テレビはほとんど観ません。休日の食事中になんとなく観ますが、結局、消してしまいます。毎日食い入るように観ていたので、反動かも知れません。

懲罰に旅立っていく人を何度も見送りました。座布団に隠しながら切手のやり取りをしたり、食堂で小倉煮（月に1、2回しか出てこない。受刑者にとってのご馳走）をあげたり、乾燥した手にニベアを塗ってあげたり、すべて反則行為です。

反則行為の発見が異様に上手い刑務官がいて、受刑者から〈ハンター〉と呼ばれていました。怪しい行為を見つけると部屋の壁にへばりつき、現認するまで声をかけません。未然に注意しないのがいやらしいなと思いますが、部屋の窓が勢いよく開き、**「なにしてんの？」**と訊かれたらENDです。ある日突然、〈ちんころ（受刑者からの告げ口）〉で旅に出る人もいましたが、他人を陥れる人は自身も少なからず悪事を働いているので、しばらくすると旅の切符が届きます。人を呪わば穴二つです。

1日の流れは、以下のような感じでした。

◇06：30　起床。喧嘩の元の掃除。喧嘩の元の洗面。急いで掻き込む朝食。
◇07：45　作業開始。淡々と黙々と。
◇10：00　お茶休憩。申し出受付。歩いてOK。
◇11：30　運動。ダンシングクイーン、マンマミーア（ABBA）、ズッコケ男節（関ジャニ

8）、幸せのマーチ、GUTS！（嵐）、E-GIRLS、西野カナなどを決まった振付けで軽快に踊らなければいけない。

◇12：00 昼食。大食堂で500人くらいが一斉に食事する。先生たちがじっと見つめている。

◇12：45 作業開始。淡々と黙々と。うつらうつらと。

◇14：15 10分休憩。作業席が近い人とだけ座ったままで話すことができる。この時間しか私語できないのでみんな声が大きくなっていく。

◇16：15 作業終了。疲れている。夕食。洗濯（オール手洗い、春夏秋冬）。自由時間。掃除。洗面。

◇19：00 テレビ視聴開始。チャンネル争いがある。争いには参加しないに越したことない派。

◇20：55 テレビ視聴終了。就寝準備。

◇21：00 消灯。長い長い睡眠時間。寝ている時間が一番幸せ。

⑪ 出所から現在へ。

28歳

2016年6月16日。28歳。出所

6月13日が誕生日だったので、間に合わなかったことが残念でしたが、1か月半の仮釈放をもらって出所しました。

母が迎えに来てくれ、刑務所の近くの喫茶店でアイスレモンティーを飲んでいると、**「ちょっと、これに着替えて」**と色褪せた花柄のロングTシャツを渡されました。髪型が罰ゲーム的なショートの〈規定カット〉で全身黒ずくめの娘は、明らかに「今さっき出てきた人」で痛々しかったのだと思います。

喫茶店でタクシーを呼び、駅からは長いこと電車に揺られました。母は何度も**「お腹すいてない？ 休憩しよか？」**と聞いてくれましたが「ううん、大丈夫、早く家か

えろ」と答えました。早く家に帰りたかったし、早く刑務所から離れたかった。

保護観察所を経由し、最寄り駅に停めていた車へ乗り込むと、**「家に何もないからなんか食べてぃこ」**と言われ、くら寿司に行きました。お腹が空いていたのに、2人で6皿しか食べられませんでした。胸がいっぱいでした。5皿頼むとガチャガチャが1回できることを母に教えられ、試してみると「うな重」のストラップが出ました。なぜだかすごく嬉しくて、喜んで持って帰りました。

母は午前9時頃に出所する私を迎えるため、午前3時に起きていました。魚市場の人と同じだと驚きつつ「ほんとに今日はありがとう」と伝えました。私が刑務所にいる間に母の父が亡くなり、もうすぐ1周忌だと淡々と教えてくれましたが、すごく泣いて悲しんだことが伝わってきました。

帰宅し、私の部屋へ入ると大量のゴミ袋があり、仲嶌が私の衣類などを運び込んでくれたようでした。色褪せたカーテン、傷だらけの学習机、赤ちゃんの時のおもちゃ箱、煎餅布団一式、積まれたゴミ袋、これが新生活でした。父はアルバイトが休みで在宅していました。

「本当にごめんなさい、これから宜しくお願いします」

「ここは今も昔もおまえの家やないか、自分の育った家になんにも気にする必要あらへん、食べるもんもあるし部屋もあるし、もう仲嶌さんのことなんて忘れてずーっとここにいたらいいやんか」

思わず泣いてしまいました。偽善でも演技でもなく。

「おまえはな、若いのに頑張りすぎたんや。結婚して子ども産んで家買って、全部を急ぎすぎたんや。ちょっと無理してたんや。それだけや」

父が背中を撫でてくれました。

私の中に14年間棲んでいた〈万引きの虫〉がいなくなりました。万引きがしたくてウズウズさせるあの虫がいなくなりました。「万引きしない人生なんて考えられない」「万引きできひんなんて廃人やん」と囁いていた虫がいなくなりました。ご飯のおかずが毎日もやしでも、汚れたダサい服しかなくても、いいやん別にそれで。

そして、日常に染み付いていた「警察に追われているかもしれない恐怖」「内偵入ってるかもしれない恐怖」も消えました。

仮釈中は保護司さんに4回ほど面接していただき、精神福祉センターでは院長先生やケースワーカーさんに話を聞いてもらいました。漢字検定準1級の勉強をしたり、自転車で図書館に行ったり、しばらくは家でのんびり過ごしました。

仲嶌には出所した日の夜、電話しました。

「私やけど……」

「うん。おまえやろうなと思った。いつ帰ってきたん？」

「今日やで」

「すぐに電話くれたんか、嬉しぃな」

「そう言ってもらえると嬉しい。また会える？」

「平日は仕事忙しぃから週末時間作るわ」

「ごめんな、ありがとう」

7月上旬から事務職の仕事を始め、夜はクラブのアルバイトを週6日、20時〜26時で入れました。誰も私が刑務所帰りで麦飯臭いことは知らず、不眠症だったので睡魔もそれほど苦になりませんでしたが、夜に気合を入れすぎて朝の化粧や髪のセットがしんどく、すっぴんのマスク姿で出勤していました。土日のどちらかは仲嶌と会い、ご飯を食べて昼間からラブホテルに行っていました。**「娘に会わせたくない」**という仲嶌に身体を委ねれば会わせてもらえるかも、という打算もありました。

一方で会社の上司と不倫しましたが、あからさまに単身赴任の暇つぶしだったので、私を指名して店に通い続けてくれた30代のお客さんと親しくしてみましたが、**「おまえは顔だけで中身がない」**と去られました。「顔は悪くないってこと？　だったらいいかも」と呑気でした。クラブの売り上げも毎月上位に入っていたので、よけいにいい気になっていました。

そのうち、仲嶌から**「おまえと再婚する気はない」**と宣言され、会ってラブホばかり行くのもしんどくなりました。毎日遅くまで仕事して娘と遊んでくれ、私ができなかった子育てをしてくれている仲嶌への申し訳なさから誘いを断れなかったのですが、何回頼んでも娘には会わせてもらえません。

私は仲嶌と出会った19歳から、他の男性を知らずに過ごしてきたのですが、尻軽な時期の女にはヤりたいだけの男しか寄りつかず、関係もすぐに終わってしまいました。そして、不倫上司の誘いを無視していたら職場でパワハラされるようになり、会社にも居づらくなりました。

派遣社員の時給は良かったですが、「やっぱり正社員になりたい！」と決意し、2社から内定通知をもらいました。幾多の逆境を乗り越えた苦労人顔がよかったのかも、と喜びました。受付や接客業務をしてみたかったので、カーディーラーのフロアアシスタントへ就職しました。

クラブのアルバイトはすっぱり辞め、今は万引き歴、離婚歴などをすべて知っている1つ年上の男性と付き合っています。職場の同僚で**「過去は気にしない。今のあなたを好きになったから。だから真剣に付き合ってください」**と告白してもらった時は「私が幸せになっていいいんかな」と頭の奥が痺れました。私の破天荒な過去を知っても**「今をがんばって生きてるから好きなんやで」**と言ってもらえるなんて考えられませんでした。離婚1回刑務所2回万引き6千回（推定）の女。ない、ない、ありえない。1人で小さな犬を飼って小さく生きて行こうと決めて眠った夜もあります。

今は1人暮らしをしています。仕事や恋に悩める時間が持てるようになったことが幸せです。多少の煩悶も「拘置所で鶴折ってた地獄の異次元空間に比べたら、これで悩めるようになったのは安穏やん」と思うようになりました。

スリが止められず、80代で刑務所13回目のおばあちゃんを目の当たりにした時、「このまま生きてたら私も……」と恐怖を覚えました。

私が万引きをしているのではなく、〈万引きの虫〉が私の身体を動かしている状態にどっぷり足を踏み入れていたのに這い上がることができて、ありがたく思います。

何を差し置いても「万引きしたい」が常に最優先の気持ちで、母として妻としてやめなければいけないとわかっていても、どうしてもやめられなかった。胸に手を当てると「万引きやめたくない、やめるなんて怖い」気持ちが常に勝っていたから、やめられる気がしなかった。ずっとこのまま私と万引きは共に生きていくのだと思っていた。万引きをしなくては生活できないと怯え、「損した分を取り返さなくては」「失った時間、苦しかった思い出を補わなくては」と餓鬼のように貪っていた。

それなのに、今は「もういいや」と、憑き物が落ちたように万引きへの執着が削ぎ落とされています。「どうしてだろう」と思いますが、2回目の刑務所を出所した時、空を見て身体を動かせることが幸せでした。自分の格好がどんな風に見られているかなんてどうでもよく、別になんにもいらない、なんかもうこれだけでいいわ、と晴天を仰いで佇んでいました。

きっと、その時の気持ちが〈万引きの虫〉を消したんだと思います。

戻れない道、新しい道

母のいる家に帰りたくなくて、道路の白線を踏みながら。

父の来る布団で眠りたくなくて、毛布の端を握り締めながら。

週末の目覚めはアルミホイルが口の中に残っているような不快感と、おでこの前で針金のボールが坂を転がり落ちている幻覚。

早く大人になりたかった。大人になれば理不尽なことなんてないと思っていた。母に髪を毟られることもないだろうし、父に身体を触られることもないだろうし、姉に罵られることもないだろう。早く大人になりたくて急いだのに、「大人っぽいね」「かっこいいね」と言われるとすごく嬉しかったのに、気がつくと私だけが取り残されている気がした。取り柄も能力もなく、特技も趣味もなく、あくせく頑張ったのにどうして私は損しているんだろう、なんにも得してないじゃないかと気づいてしまうとたまらなかった。母親と友達のように歩いている女の子、親に車を買ってもらった同僚、ペットの写真を自慢気に見せる友人、すべてがやるせなかった。なんでやねん、私だってがんばってるやん。だから得が欲しかった。せめて物が満たされることで背中を守っておきたかった。生きていてだいじょうぶだよ、と。

つい先日、6年ぶりに祖母と叔父に会い、付き合っている小山さんと一緒に祖父のお仏壇へ手を合わせました。祖母は私が離婚したことを知りませんでしたが、叔父は母から聞いて知っていました。

祖母に**「仲嶌さんはお元気？」「娘さんは可愛い盛りやろ？」**と聞かれて、5年前に離婚した経緯を話しました。万引きと逮捕が原因とは言えず、「ちょっと私が精神不安定で……」としか説明できませんでした。

今年で82歳になる祖母は**「子どもを捨てるなんて信じられない」「お腹を痛めて産んだ子やのに離れるなんて考えられへん」「離婚なんて信じられへん」「そりゃあ私だって結婚生活は辛いことがたくさんあったけど子どものこと考えたら何でも我慢できたわ」「子どもを置いて家を出て今ひとりで辛くないの？」「もう子どもは諦めたの？」**と矢継ぎ早に質問を重ねるので、ありとあらゆる言い訳を駆使して答えました。

その後、「実は、今は小山さんっていう人と付き合ってるねん、今日も一緒に来てるねん」と告げると、祖母は**「ひゃあー、上がってもらいーよ、あらまあ」**と興奮し、仲嶌さんと小山さんの名前の呼び間違いに注意というネタでひとしきり盛り上がってから、車で待機していた小山さんと対面しました。祖母の顔を見ると**「なかじま…こやま…こやま…なかじま…」**と口をぶつぶつ動かしていましたが、私が「おばあちゃん、紹介するわなー、この人は小山さんっていうねん」と言うと、満面の笑みで**「あらまあ、小山さん初めまして、いつも仲良くしてくれてるみたいでどうもありがとう」**と言ってくれました。

帰り道で小山さんに話しかけました。

「私は……誰に聞かれても何度聞かれても、娘のことを〈命に換えてでも一番大切な存在だ〉と答えてきた。でも、それは口先だけの便利なごまかしやったかもしれへん。〈万引き期〉の私は自分のことしか考えてなかった。自分のことしか」

ゆっくりと口を開いた小山さんは、**「それは病気やったんやで、だいじょうぶやで」**と言ってくれました。それにしても「許されなくて当然、会わせてもらえなくても仕方のないことをしてしまったのだ」と改めて思い知りました。

会えなくても、幸せになってほしい。そう願いながらも、私は新しい道を笑って生きようとしています。悲しくて寂しい思いをさせてごめんなさい。泣きたい時に傍にいてあげられなくてごめんなさい。母になれなくてごめんなさい。

12 〈元〉万引き女子の生活と意見、再び。

28歳

2017年5月。その後の現在

毎晩似たような夢を見ます。翌朝が仕事だと夢の内容はすぐに忘れますが、休日前夜の夢はよく覚えています。

子ども時代と刑務所時代がごちゃごちゃに混じった内容です。

子どもの私がプレゼントしたミスタードーナツを姉が壁へ投げつけ、季節の新商品なのに……と悲しい表情で見つめています。でも「私が刑務所行ったから仕方ないよね」と納得したりもしています。

小学校の頃、〈あすなろ教室〉という特別学級がありました。クラスに馴染めない生徒がこっそり集まっていた場所です。刑務所では仮釈放2週間前に〈ひっこみ〉と呼ばれる釈前寮への移動がありますが、夢の中の釈前寮は〈あすなろ教室〉で、青いビニールシートを敷き、鬼教官の説諭を聞くサバイバルな2週間を過ごします。はたまた給食センターで食事を作っている人が受刑者で、先輩受刑者から皿洗いの特訓を受けている新入り受刑者を「炊場に選ばれたエリートなんやからがんばれ」と見つめているのが自分だったりします。

中学校の校舎がサバイバルゲームの会場になっていて刑務官VS学生で戦っていたら、急に場面が切り替わり、母が私の手首を強く握りながら**「なんであんたはこうなんよ」**と血走った目で叫んでいたりします。

目覚めはいつも悪くて、げんなりします。

車を走らせながら、刑務所でよく話していた人のことを不意に思い出します。初めての刑務所で出会った〈累バリ〉4回目のおばちゃんが言っていました。

「ここ（刑務所）にいるのってな、ほんまにつらいやろ。毎日こんなにつらいのにな、出たらな、すっかり忘れてしまうんよ、出た瞬間に辛

かったこと忘れてしまうんよ、自分のしたいことばっかり考えてまうねんな、でもな、また手錠かけられた瞬間にここの生活のことやらが一気に思い出されてきて、朝の音楽で跳ね起きなあかんなあとか、不味い麦飯くわなあかんなあとか」

だから、無意識のようで意識して刑務所時代を思い出しているのかも知れません。

もう万引きをしないために。

「あ、私、それ踊れる！」

「え、どういう意味、なんでなん？」

「刑務所で毎日踊らされてて、踊らんと怒られんねん。ほら、こんな感じ」

そして、小山さんのスマホから音楽が流れるたびに踊って苦笑されたり、自分が作った料理を味見しては「なんか刑務所で食べたあの料理の味と似てるな」と慄いたりしています。

あっと驚くような将来の夢もなく、身のほど知らずな野心もなく、たまに小馬鹿にされながらも、それでもやっぱり、「今晩なに食べようかなあ」「美肌になりたいなあ」などと呑気に生きていられて。湖へ飛び込み、拘置所で首を吊っていた自分からは考えられなくて。
あのとき死ななくてよかった。ここにいれてよかった。

万引き女子
〈未来〉の生活と意見

2017年9月7日　第1刷発行

著　者
福永未来

装　幀
鈴木陽々　川井ララ（yo-yo rarandays）

装画 本文イラスト
ゴトウユキコ

編　集
ゆずはらとしゆき
(パノラマ観光公社)

発行人
北尾修一

営業担当
林 和弘

発行所
株式会社 太田出版
〒160-8571 東京都新宿区愛住町 第三山田ビル4階
tel 03-3359-6262　fax 03-3359-0040
振替 00120-6-162166
webページ　http://www.ohtabooks.com

製　本
株式会社シナノ

ISBN978-4-7783-1591-7 C0095